フランスの
道徳・市民教育

大津尚志 著

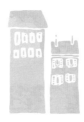

晃洋書房

まえがき

　日本において市民教育あるいは市民性教育という言葉は近年になってよく使われるようになった。一方で、「道徳・市民教育」というと聞きなれない言葉に思われる人もいるかもしれない。フランスでは長い間、道徳教育といえばカトリックの教義に基づく宗教教育と同義であったといってよい。1882年の法律で小学校教育に含まれるべき内容として筆頭に挙げられていたものが「道徳・宗教教育」から「道徳・市民教育」に改められた。道徳・市民教育はそれ以来の歴史を持つ。すなわち、「よきカトリック教徒」を目指す教育から「よき市民」を目指す教育への転換が行われて、その後紆余曲折を経ながら現在に至っている。

　フランスの教育に関する法律である教育法典L.111-1は、「国は知識の伝達に加えて、共和国の価値を児童生徒に共有させることを第一の使命とする」と述べている。学校はそれぞれの発達段階に必要な知識を伝達するとともに、共和国の価値を共有させるという役割を果たすと法定されている。そして現在においては、2013年に制定された通称ペイヨン法という法律をうけて、フランスの小学校・中学校・高校のすべてに「道徳・市民教育（enseignement moral et civique)」が含まれることとなった。各学校段階で「道徳・市民」科が必修となり、学習指導要領およびそれに基づいた教科書が作成されている。道徳教育と市民教育（日本でいえば中学では社会科の公民的分野、高校では公民科が近い）が同一のカテゴリーに含まれている。

　ただし、「共和国の価値の共有」は「道徳・市民」科を通してのみ行われると考えられているのではない。他教科、教科外活動、学校参加制度などを含めて学校教育全体を通して行われている。

　本書ではまずフランスの教育制度・教育課程の動向を概観する。次いで、道徳・市民教育の歴史を扱い、2013年ペイヨン法制定への動き、小学校・中学校・高校それぞれの「道徳・市民」科教育課程を分析対象とする。次いで、他の教科・領域として、歴史教育における市民性育成や、クラブ活動、ホームルーム活動、哲学教育についても触れる。フランスにおいては、学校自体が「民主主義の習得の場」であるとされている。それに関連してフランスの中学校・高校における生徒参加制度についても言及する。

　本書を通してフランスの道徳・市民教育について知ることができ、日本の今後の教育を考えるための材料の一つとなることができれば、幸いである。

　　2023年6月20日

大 津 尚 志

目　　次

第1章　フランスの教育制度と教育課程

はじめに

　フランスの教育制度は、法律としては主に教育法典（code de l'éducation）によって規定されている。

　教育法典L.111-1は、「教育は国の最優先事項である」ではじまり、「国は知識の伝達に加えて、共和国の価値を児童生徒に共有させることを第一の使命とする」と規定している。続けて、「教育という公役務は人間の尊厳の平等と良心の自由、ライシテ（laïcité）を生徒に習得させる」とある。自由、平等、人間の尊厳、人権の尊重といった「共和国の価値」を習得させることが学校教育の目的となっている。

　ライシテとは「非宗教性」「脱宗教性」「世俗主義」「政教分離」などと訳されるが、「国家の統治・行政権限のすべてが、宗教団体によって関与されず、また宗教問題に関与することもなく、世俗的な機関により行使される原則。国家が反宗教的であることを意味するわけではない」[1]と説明される。公教育は国家の統治・行政権限の一部であるから、ライシテの原則にそって行われることとなる。

　フランスの公教育はかつてカトリックの教義が教えられていた時期があったが、1882年法以来、小学校教育に含まれるべきことの一つとして存在した「道徳・宗教」が「道徳・市民（instruciton morale et civique）」に改められた。公教育に宗教を持ち込むことは許されず、宗教は個人の私的領域にとどめられるという原則となった。近年でもイスラーム教徒の女子生徒が髪をおおう「スカーフ」を公立学校内で着用することが許されるかという問題が発生したが、2004年の法律は「宗教をこれ見よがしに誇示する標章、服装を児童生徒が着用することは公立小学校・中学校・高校で禁止される」と制定した（教育法典L.141-5-1）。それをうけて、スカーフの着用は禁止ということで法的な決着はついているが、

国連子どもの権利委員会は子どもの権利条約に基づく2004年の一般的意見として、「子どもの最善の利益、および子どもの学校にアクセスする権利に対して逆効果である」と批判しており、[2] その後も宗教的多様性と共和国の価値についての議論は続いている。

　ライシテの解釈はともかく、フランスの公教育がライシテの原則のもとに運用されるべき、という見方はフランス国内において争いはないといってよい。

1 フランスの学校教育制度

　フランスの学校制度は、保育学校（3年）、小学校（5年）、中学校（4年）、高校（2、3年）という単線系である（表1-1）。現在では、小学校・中学校・高校ともに「道徳・市民（enseignement moral et civique）」の時間が設置されていて、

表1-1　フランスの学校系統図

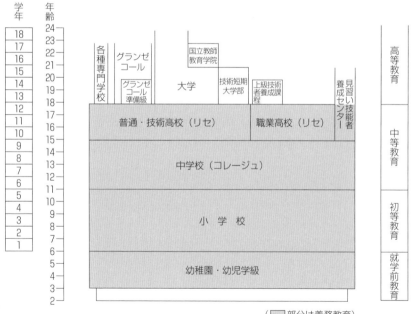

（▨部分は義務教育）

注）文部科学省『「諸外国の教育統計」令和4（2022）年版』に基づき、大津が作成。https://www.mext.go.jp/b_menu/toukei/data/syogaikoku/1415074_00017.htm（2023年6月16日最終確認）

学校教育全体を通しても道徳・市民教育が行われているといえる。

　幼児教育は保育学校（école maternelle）で行われる。2歳の就学率は9.8％であるが、3歳からは義務教育となり、3～5歳の就学率は100％である。[3]

　小学校は5年制である。1クラスあたりの生徒数は約22人である。[4]経済的状況などを理由に教育優先地域の指定をうけている学校では2017年から、小学1、2年生のクラスを2分割するようになり、1クラスあたり12人程度となっている。子どもに成績差が存在する理由には、社会的背景があると認識され「平等」達成ための予算増額がとられている。[5]

　中学校は4年制である。中学終了時に前期中等教育終了試験（Diplôme national du brevet, DNB）がある。それに合格しなくても高校に進学することはできる。高校進学には入学試験ではなく中学での成績に基づいた進路指導によって振り分けられる。成績のよい生徒が普通・技術高校、よくない生徒が職業高校となる傾向にはある。

　高校は3年制（一部の職業高校は2年制）であり、普通高校（lycée générale）、技術高校（lycée technologique）、職業高校（lycée professionnelle）の3種に分かれる。「道徳・市民」科に関しては普通・技術高校と職業高校に分けて学習指導要領が告示された。

　フランスの義務教育の期間は2019年のブランケール法によって、3歳から18歳までとなった。ただし、16歳以上は学校以外において「見習い訓練」をうけることによって義務教育を履行したと認められることもある。そもそも子どもには、学校に通学せず家庭教育を受ける自由も例外的なこととはいえある。フランスの学校は留年率が近年かなり下がっているとはいえ依然として高い。ゆえに、高校3年生になる前に18歳になる生徒は少なからずいる。その場合、18歳以降も在学しつづけることはできるが、その時点の学年で義務教育は終了となる。普通・技術高校で3年生の時点で1年留年している生徒（18歳）は10.5％、19歳以上は1.5％である。[6]職業高校3年生の場合は、一度も留年していない生徒（17歳）は60.1％にすぎず、18歳は29.1％、19歳以上は10.8％である。[7]2021年のデータでは普通・技術高校に162万人の生徒、職業高校には62万7000人の生徒がいる。[8]単純計算で28％の高校生は職業高校ということになる。

　フランスでの後期中等教育の進学率上昇は、先進国に比べると遅い。1985年に当時のシュヴェーヌマン国民教育大臣が「80％目標」を提唱し、高校3年生に到達することができる生徒を人口の80％にしようと提言した。現在では、バ

カロレアを取得するコースにいる生徒は85％を超え、1980年と2016年を比較すると同一世代の約３倍がバカロレアを取得している[9]。

　高校修了時には、バカロレア試験がある。普通バカロレア、技術バカロレア、職業バカロレアに分かれる。合格すればどこの大学にも原則登録することができる。近年、高等教育入学者調整手続き（Parcoursup）が導入された[10]。大学入学後の留年・中退率の高さが問題視されており、事実上の選抜導入に近づいたとはいえる。

　フランスの高等教育として、大学は、学士、修士、博士課程がある。教員養成は学士課程を修了したあとに入学する国立教師教育学院（Institut national supérieur du professorat et de l'éducation, INSPE）で主として行われる[11]。そこでは、日本でいう「教科に関する科目」の履修に圧倒的な重点がおかれる。教科の実力が高い人は、生徒に教える能力も高いという前提で動いているところがある。教員採用試験にあたるものは、筆記試験と口述試験の２回にわたって行われる。中等教員採用試験（中学・高校は共通）の歴史・地理科の場合、試験時間は５時間で資料（documents）をもとに長文の論述を課すという試験スタイルである。それは、中学終了時の前期中等教育終了試験（DNB）、高校終了時のバカロレアともに同一の出題形式である。教員採用試験の口述試験は教科に関することが尋ねられ、「わかりやすく口頭で説明する能力」をみるためのものでもある。

　大学以外の高校卒業後の進学先としては、グランゼコール準備級（CPGE、２年制、最初からグランゼコールという場合もある）がその一つとなる。こちらは、大学と異なり選抜がある。選抜度の高いグランゼコール準備級に進学することが最も威信の高い進路となる。

　他にも、技術短期大学部（IUT）、上級技術者養成課程（STS）があり、それぞれDUT、BTSの学位を取得することができる。2021年のデータでは、大学（学士、修士、博士）は119万人、CPGEは10万人、DUTの準備課程は12万人、STSは41万人の在籍者がいる[12]。

2　フランスの教育課程

▶（1）フランスの学習指導要領

　フランスの教育課程基準は学習指導要領（programme）によって大綱が定められている。保育学校、小学校、中学校の12年間は、保育学校の３年間を第1

学習期、小学校の最初の 3 年間を第 2 学習期、小学校 4 、 5 年と中学 1 年生を合わせて第 3 学習期、中学 2 ～ 4 年生を第 4 学習期と、 3 年ごとのサイクルで決められている（**表 1 - 2 、 1 - 3**）。

　教科名および教育内容は学習指導要領が定めている。フランスの教育は学問（science）を教えることが中心といわれる。しかし、道徳教育に関する内容がまっ

表 1 - 2　　小学校教科名と週当たり授業時数

教科名／学年	1 ～ 3 年	4 、 5 年
フランス語	10	8
算数	5	5
外国語・地方語	1.5	1.5
体育・スポーツ	3	3
科学・テクノロジー	―	2
芸術（音楽、造形）	2	2
世界を問う、道徳・市民	2.5	―
歴史、地理、道徳・市民	―	2.5
合計	24	24

出所）*B.O.*, no.44 du 26-11-2015に基づき作成。

表 1 - 3　　中学校教科名と週当たり授業時数

	1 年	2 年	3 年	4 年
体育・スポーツ	4	3	3	3
芸術（造形・音楽）	2	2	2	2
フランス語	4.5	4.5	4.5	4
歴史、地理、道徳・市民	3	3	3	3.5
第 1 外国語	4	3	3	3
第 2 外国語	―	2.5	2.5	2.5
数学	4.5	3.5	3.5	3.5
生命・地球科学		1.5	1.5	1.5
テクノロジー	4	1.5	1.5	1.5
物理・化学		1.5	1.5	1.5
合計	26	26	26	26

出所）*B.O.*, no. 22 du 28- 5 -2015に基づき作成。

たく含まれていないということではない。現在では小学校・中学校、高校ともに「道徳・市民」科の時間がおかれている。

　中学校では各学年で週26時間の割り当てがあるが、そのうち１年では３時間、２〜４年では４時間は補助的指導（enseignements complémentaires）（個人指導、総合学習的指導を含む）の時間とされる。すなわち、上記26時間のうち、どの授業をそのように行うかは学校の裁量であるが、３〜４時間はクラス全体でなく半分に分けるなどして行われている。総合学習的指導のテーマとしては、「身体、健康、幸福と安全」「文化と芸術活動」「情報、コミュニケーション、市民性教育」などが挙げられている。例えば「情報、メディア教育」については数学、地理、生命・地球科学の教員が担当することができることが明記されている。ある中学では学年ごとにテーマを設定して実施している。フランスの中等教育は「教科ごとの壁」が高いといわれるが、近年になって個別的、総合的な学習を行う方向に改訂が進められたところがある。

　高校に関しては、普通高校の必修教科名、時間配当は**表１−４**のようになっている。

表１−４　フランスの普通高校における必修教科と週当たり授業時数

	１年	２年	３年
フランス語	4	4	—
哲学	—	—	4
歴史・地理	3	3	3
第一外国語、第二外国語	5.5	4.5	4
数学	4	—	—
物理・化学	3	—	—
生命・地球科学	1.5	—	—
科学教育	—	2	2
体育・スポーツ	2	2	2
道徳・市民	年18	年18	年18
経済・社会科学	1.5	—	—
デジタル・技術科学	1.5	—	—

出所）Arrêté du 16 juillet 2018, *J. O.* 17-7-2018.

　他に、個別随伴学習、進路選択学習、学級生活（ホームルーム）の時間は全員受講するものとされる。これらは「共通教育」とされている。日本の高校に比べて必修の単位数が大きいといえる。なお、学級生活の時間は中学・高校ともに年に12時間、すなわち月に1回程度である。

　選択科目としては、普通高校1年生では、エンジニアの科学、実験科学、古代の言語と文化、第三外国語、造形芸術、音楽などがある。

　2年生・3年生では選択必修科目がある。かつて普通高校は理科、経済・社会科、文科の3コースであったが、それは消滅した。2年生では週4時間の必修選択科目を3つ（芸術、生物学・エコロジー、歴史・地理・地政学・政治学、人文学・文学・哲学、文学と古典言語・文化、数学、デジタル情報科学、物理・科学、生命地球科学、技術科学、経済社会科学より）の履修が義務付けられる。

　3年生では週6時間の必修選択科目を2つ（芸術、生物・エコロジー、人文学・文学・哲学、外国の言語、文学、文科、文学と古典言語・文化、数学、デジタル情報科学、物理・化学、生命地球科学、技術科学、経済社会科学）の履修が義務付けられる。かつては、普通バカロレアにあった理系、経済社会系、文系の区分は廃止され、必修選択科目によって対応されることとなった。

　技術高校では8つのコースがあるが、必修教科は普通高校とほぼ同じである。選択必修科目はコースごとに存在する。例えば経営・管理コースであれば、「管理科学とデジタル」「経営」「法と経済」などが専攻科目となり、それぞれバカロレア試験でも課せられる[13]。

　職業高校は100以上のコースがある。時間配当上、専門教育の時間が半分を占めている。アカデミックな教科の年あたりの授業時数は、例えば数学は1年生45時間、2年生56時間、3年生39時間であり[14]、普通・技術高校に比して少なくなっている。

▶ **（2）「共通の基礎」**

　学習指導要領以外の教育課程基準としては、「共通の基礎」がある。それは5領域にわたって中学終了までに習得すべき「知識、コンピテンシー、教養」について定めたものである。「共通の基礎」とは16歳までに習得すべきことを明文化したものであり、それは「考えを伝達するための言語」「学ぶための方法、手段」「個人と市民の育成」「自然の体系とテクノロジーの体系」「世界の表象と人間の活動」の5つの領域に分かれている。第三領域「個人と市民の育成」[15]

が本書の内容に関連が深いが、「憲法に書かれている基本的価値と原理を伝達すること」であり、「社会生活、集団と市民としての行動の習得」「道徳的、市民的な教育」「個人の選択、個人の責任の尊重」を大きな内容とする。

そこでは「感受性と意見の尊重」「規則と権利」「省察と判別」「責任、かかわりとイニシアティブの感覚」の4つの領域の知識、コンピテンシー（知識・技能・能力・態度をもとにある社会的文脈において問題を解決する力）が示されている。これは、小学校・中学校の学習指導要領が定めている4つの領域と内容的に一致する。

「責任、かかわりとイニシアティブの感覚」については、以下のように述べられている。

児童生徒は協力して、他者に向かって責任を感じる。自分にまた他者に向かってかかわることを尊重する。市民生活における契約の尊重の重要性を理解する。児童生徒は学校生活（集団行動、計画、機関）に身を投じること、民主主義のツール（とりわけ議事日程、議事録、投票）に頼ること、集団生活や環境の様々な面で他者の見方とかかわることの重要性を理解する。

児童生徒はイニシアティブをとり、計画の実施にかかわり、行動の結果を評価した後に、未来への方向付け、大人の生活を準備する。

学校行事は日本ほど盛んではないといわざるをえないが、文化祭や遠足、修学旅行にあたるものが行われている。部活動（クラブ活動）にあたるものとしては、「社会的教育活動のホワイエ」「高校生の家」という団体が中学・高校内に作られるが、自由参加である。大きな時間を使うものではない。

3 フランスにおける私立学校および家庭教育

教育法典に「義務教育の履行方法は公立学校、私立学校および家庭教育による」とある。フランスにおいては私立学校だけでなく家庭教育によっても義務教育の履行は可能となっている。

フランスの私立学校は、ほとんどが宗教系である。フランスでは第三共和政期の1881年、1882年にフェリー法が制定され、「無償・義務・脱宗教」を三原則とする教育制度が成立する。すなわちそれ以来公立学校から宗教教育は排除されることとなり、それは今日にまで厳格に排除する方向で続いている。一方で私立学校はカトリック系が大多数であり、プロテスタント系、ユダヤ系およ

び最近ではイスラーム系が少数である。私立学校はさらに契約下私立学校と契約外私立学校に分けられる。契約下私立学校はさらに単純契約と協同契約に分けられる。契約下私立学校は、学校が国と補助金をうけるという契約を締結することにより、国の基準に拘束されることとなる。

協同契約では「公立学校の学習指導要領に一致した教育を行う能力を確認できること」（教育法典L.422-5）、単純契約では「公教育の学習指導要領を参照して教育を組織する能力があること」（教育法典L.444-12）が設立要件となる。協同契約のほうが補助金の額が大きいゆえに国に従う義務もより大きくなる。いずれにせよ、正規の教育課程に宗教教育は行うことができない。学校外活動として提案がされることはある。

一方、契約外私立学校は1959年のドブレ法以来「国の監督は校長・教員の資格、就学義務、公序良俗の尊重、保健・社会的予防措置に限定される」と法定され、学習指導要領に従う義務はない。

2021年「共和国の原理尊重強化法」によって、契約下・契約外私立学校ともに、これまで公立学校にのみ適用されていた「知識、コンピテンシー、教養の共通の基礎」を習得させることが義務付けられた（教育法典L.442-2）[16]。これまで、かなり広い自由をもって教育を行うことができた契約外私立学校にとって法的には大きな転換である。

学校別に生徒数の統計をみると、表1-5の通りとなる。

契約外私立学校については、2018年ガテル法によって設立の要件が厳格化された。さらに、2021年「共和国の原理尊重強化法」は、契約外私立高校の閉鎖命令を出すことができる要件が緩和されて、財政や会計上の書類の提出が義務

表1-5　2021年の私立学校生徒数

（単位：人）

	契約下私立	契約外私立	私立合計	公立・私立生徒数合計	私立生徒／生徒数合計（%）
幼稚園	289,838	24.539	314,372	2,421,539	13
小学校	576,690	32,404	609,094	4,122,404	15
中学校	726,200	16,267	742,467	3,423,767	22
普通・技術高校	346,700	7,727	347,169	1,628,327	21
職業高校	118,600	7,384	125,984	634,384	20

出所）DEPP, Repères et références statistique, 2022, p. 61, 76, 77, 126に基づき大津が作成。

付けられた。契約外私立学校の児童生徒数（小学校・中学校）は2011年から2021年にかけて、1万6900人から4万8671人に増加している（10年間で児童生徒の総人数はほぼ変わらない）という状況があった。今後は、事実上イスラーム教育の自由を制限する効果が発生することも考えられる。

　フランスでは、学校に行かないで教育をうける自由も法的に認められている。家庭教育が許可される要件としては、以下のものが挙げられている。

　　・子どもの健康状態、障害
　　・スポーツ、芸術への集中的な活動
　　・移動労働の家族
　　・教育計画に基づく子どもの適切な状況

　家庭教育をうけている児童・生徒は2010年の1万8900人から2020年には5万2400人に増加している。通信教育のみをうける場合が多くなっている。2021年法は家庭教育を行う要件について厳格化してもいて、今後の減少が予想される。学校あるいは教育を共和国の管理下におく傾向が強まったといえる。

　フランスの公立学校においては、幼稚園から大学・大学院まで授業料は無償である。私立学校の授業料は「各学校が決める」もので、その金額はまちまちである。管見のかぎり国民教育省はデータを出していない。キリスト教系私立学校について、授業料年額の平均は、保育学校で366ユーロ（約5万4900円）、コレージュで650ユーロ（約9万7500円）というデータがある[17]。契約下より契約外の学校の方が高額となり、幼稚園・小学校、中学校、高校と学校段階をあがるにつれて高額となる傾向はある。なお、イスラーム系契約外私立学校の一例として、筆者が2020年3月に訪問することのできたパリ近郊（クレテイユ学区）の小学校（Fort School）の授業料は年間2850ユーロ（約42万7500円）であった[18]。

　公立学校・私立学校・家庭教育のいずれにせよ「共和国の価値」を共有することができる「市民の育成」が目指されている。公立学校では「道徳・市民」科が中心におかれるが、全教育活動を通して市民教育が行われているといえる。詳しくは次章以降に見ていくこととする。

注
1）山口俊夫編『フランス法辞典』東京大学出版会、2002年、325頁。
2）CRC/C/15/Add.240　参照、大津尚志「フランスにおける生徒の権利と学校・社会・

政治参加」勝野正章ほか編『校則、授業を変える生徒たち』同時代社、2021年、189-212頁。

3 ）DEPP, Repères et références statistiques, 2022, p. 67.

4 ）Ibid., p. 28.

5 ）Le programme d'Emmanuel Macron pour l'éducation, https://en-marche.fr/emmanuel-macron/le-programme/education（2023年 5 月26日最終確認）.

6 ）DEPP, op. cit., p. 97.

7 ）Ibid., p. 89.

8 ）Ibid., p. 78.

9 ）参照、園山大祐「フランスにおける中等教育の大衆化と女子の進路選択」『アフリカ教育研究』第 8 号、2017年、36-47頁。

10）豊田透「フランスにおける高等教育進学制度の課題と改革」『レファレンス』第70巻第 4 号、2020年、 1 -17頁、細尾萌子ほか編『フランスのバカロレアにみる論述型大学入試に向けた思考力・表現力の育成』2020年、ミネルヴァ書房、など参照。

11）フランスにおける教員養成制度に関して、服部憲児『フランスの教員養成制度と近年の改革動向』2022年、ジアース教育新社、歴史・地理科教員養成に関しては、大津尚志「論理的に考えて表現する力を育める教員の養成」細尾萌子ほか編、前掲書、159-173頁、大津尚志「フランスにおける中等教員養成と思考力・表現力」『日仏教育学会年報』第27号、2020年、43-53頁、大津尚志「フランスにおける社会科系教科の教員養成と研究動向」『社会科教育研究』第141号、2020年、96-103頁。

12）DEPP, op. cit., p. 153.

13）技術高校のカリキュラムについて参照、Nouveau Bac, horaires en première et terminale en voie technologique, https://peepllg.fr/nouveaux-horaires-en-premiere-2019-et-terminale-2020-en-voie-technologique/ （2023年 5 月26日最終確認）。

14）B.O., no. 1 du 3 - 1 -2019.

15）翻訳・解題としては、大津尚志「フランス『共通の基礎』における『人間性』に関する記述」『学校における教育課程編成の実証的研究報告書 2 　諸外国における人間性の涵養』国立教育政策研究所、令和 2 年度プロジェクト報告書、研究代表者　鈴木敏之、2021年、153-155頁。「共通の基礎」の解題と全訳するものとして、飯田仲二「知識・技能・教養からなる共通基盤」『Stella』第37号、2018年、19-42頁。

16）B.O., no. 17 du 23- 4 -2015.

17）Combien coûte l'enseignement privé?, https://www.europe 1 .fr/societe/combien-coute-lenseignement-prive-2863702　による（2023年 5 月26日最終確認）。

18）Fort school Tarifs, https://fort-school.com/tarifs/（2023年 5 月26日最終確認）.

第2章　道徳・市民教育の歴史

は じ め に

　フランスの道徳・市民教育の歴史は、1789年にはじまるフランス大革命にさかのぼることができる。同年8月26日の「人および市民の権利宣言」が出され、理念の上ではすべての人は平等な権利主体として位置づけられることとなった。政治に参加する主体としての市民（citoyen）の育成をいかに行うかという問題はあとにのこされることとなった。本章では、フランス共和国における市民の育成を行うために、子どもに教えるべき道徳や市民性（citoyenneté）についてどのように考えられてきたかを歴史的に素描する[1]。

1　道徳・市民教育の導入過程

▶（1）革命期の道徳・市民教育に関する構想とその後

　フランス大革命期には、様々な公教育案が出されたが、ここではタレイラン[2]（Talleyrand、1754〜1838）とコンドルセ（Condorcet、1743〜1794）を見ておこう。タレイランは1791年9月に公教育に関する報告を行った。そこでは、「すべての人が教えられなければいけないこと」として「この社会の憲法について知ること」「それを擁護すること」「それをより完成させること」「そして何より、憲法全体に先行する道徳の原理、憲法以上に公の幸福を保障、保護する道徳の諸原理を体得させること」が挙げられ、「憲法を知ることを学ばなければならない。それゆえ将来は人権宣言や憲法の諸原理が、子ども期の新たなカテキスムを構成しなければならない」と、憲法教育について言及している。同案では小学校の教育が対象としているものとして、「宗教の基本原理」「道徳の諸原理」「憲法の諸原理」が挙げられている[3]。

　コンドルセが「公教育は知育（instruction）のみに限定される」と述べたこと

はよく知られているが、一方で子どもに道徳説話を教えることや、道徳観念を形成させることの必要性も述べている。しかし、コンドルセは「公権力は意見を真理として教える権利を有しない」「公権力は排他的に教えられる学説の一体を持つことができない」と、公権力が何を真理として教えるべきかを決定することを厳しく制限する。憲法に関しても「諸国民の憲法は、事実としてのみ教育の一部分とすることができる」「国に樹立された憲法はこのようなものである。すべての市民はそれに従わなければならない」と教えるにとどめるならともかく、それが「普遍理性の原理に合致する教説として教える」「憲法を批判することができなくなるような盲目的熱狂をおこさせる」ものとなっては「一種の政治的宗教の創設」であると批判している。[4]　コンドルセにとっては、憲法といえども公権力が普遍的真理として教えるべきものではなく、批判されるべき対象であった。

　ナポレオン（Napoléon、1769〜1821）の時代になると、1808年のデクレでは、「ユニヴェルシテ・アンペリアルのすべての学校はカトリックの教義をその教育の基礎をおく」こととなった。[5]　革命期の構想は一端頓挫して、カトリックの教義を教育の中心に再びおくこととなった。時代を経て1833年ギゾー法1条において、「初等教育は道徳・宗教教育（instruction morale et religieuse）を必ず含む」と規定された。1848年の二月革命後の第二共和政期に、市民教育を行うという動きが一時期あったが短期間に終わった。[6]　その後、1850年にはファルー法が制定され、同法23条にも「道徳・宗教教育」の規定は受け継がれる。[7]　すなわち、学校における道徳教育はカトリックの教義によって行われていたといってよい。

▶ （2）第三共和政期における道徳・市民教育の導入

　ところが、普仏戦争に屈辱的な敗北を喫したあとに発足した第三共和政下、フェリー（Ferry, 1832〜1893）のもとで、1882年フェリー法1条により小学校教育に含まれるべき内容として従前の「道徳・宗教教育」に代わって「道徳・市民教育（instruction morale et civique）」が筆頭におかれることとなった。[8]　当時、「カトリックこそがフランス社会の価値の根源」と考える人も多くいたなか、議会の中で当然対立はあったものの多数派である共和派の主張のとおり、「良心の自由」との両立（当時、フランスには少数派としてプロテスタント、ユダヤ教徒がいた）のために、宗教教育は公立学校から排除されることとなった。公立学校は木曜日を休日として、宗教教育は家庭（あるいは教会）で行うこととした。法律上は

わずか単語1つを変えただけのことであるが、フランスの教育を根本から変える方向へと徐々に動くことになる。

　新たな問題として「宗教なき道徳教育」をいかにして行っていくかという問題が発生する。「道徳・市民」科の教授要目（programmes）はまず、1882年に簡略に規定され、その後1887年に詳細なものができ上がる。フェリーが教授要目の執筆を命じたのは、唯心論哲学者のジャネ（Janet, 1832～1899）であった。そこで小学校中級（9～11歳）で挙げられている道徳関係の項目は「両親と祖父母に対する義務」「兄弟姉妹の義務」「使用人への義務」「教師への義務」「仲間への義務」「自分に対する義務」「他者に対する義務」と並んで「神に対する義務」も挙げられていた。「義務」という語句が登場するが、明らかにカント哲学の影響があると同時に、フェリー法の審議過程において「本質的に宗教を肯定する考え方」と批判した「神に対する義務」がここに復活して登場した。教授要目における道徳は、「普遍道徳」というよりは、ある特定の立場の哲学を背景にしたものであるといえよう。市民教育関係の項目は「市民、その権利と義務、学校における義務、軍務、税、社会保障」などが登場する。

　当時学校で子どもにどのような内容が教えられていたかを見る手がかりとして、その時代に作成されていた教科書を見ると、教授要目の内容との一致はほとんど見られない。フェリー法の審議においても活躍した代議士でもあるベール（Bert, 1833～1886）は「道徳・市民」教科書執筆も行っているが、その内容は「すべての人は兵役の義務を負う」からはじまり、「祖国を愛さなければならない」「祖国は大きな家族」といった記述が見られ、対独復讐の意味を含んだ軍国主義的、愛国主義的色彩の濃いものといえる。

　フェリーの改革は彼の退陣後はビュイッソン（Buisson, 1841～1932）に受け継がれていった。その当時義務教育制度の発足とともに道徳・市民教育がフランス全土に普及したわけではなく、地方では宗教教育が依然として行われ続けたりした。

　当時の道徳教育は、教育方法としては教科書に掲載されている「格言」を暗唱させるという方法が多かった。それ以外にも「書き取り」に道徳がかかわる文章を使用する、ノートにまとめさせる、道徳にかかわる作文を書かせる、保護者との「連絡帳」に注意事項を書く、などの「道徳教育」が行われていた。

　学校内で「良き児童」となること、すなわち勤勉であり、礼儀を守り、清潔を保ち（当時の学校は衛生検査をする場所でもあった）、教師に対して従順であり、

行儀をよくし、時間を守り、思いやり、優しさをもつことといった「学校の道徳」であったといえる[12]。それは宗教教育が行われていたファルー法の時代から連続していることともいえる。その後「社会学的道徳」「科学的道徳」あるいは「功利主義」が教えられるようになった時期がある。

　その後、徐々に教授要目に合致した教科書が作られるようにもなり、また「平和主義者」からの教科書攻撃もあって、教科書記述内容は変化していく。

▶（3）第一次世界大戦以降の動向

　第一次世界大戦後は、戦争の直後ということもあり「平和主義」「愛国心の見直し」がいわれたこともあった。徐々に「新教育」の影響が強い道徳教育が行われるようになる。

　1923年に教授要目が改訂される[13]。そこで、科目名は準備級（6〜7歳）、初級（7〜9歳）、中級（9〜11歳）は「道徳」、上級（11〜13歳）では「道徳・市民」となり、毎日授業開始時に15分程度の講話などが行われていた。中級では「個人的な徳（節制、労働を愛する、誠実、謙虚、勇気、寛容、親切など）と社会生活（家族、祖国）における義務の原理に関する読書、会話」、上級では「良心と人格。自分自身についての教育。正義と連帯に関する様々な側面」「フランスにおける政治、行政、司法組織についての観念。市民、その権利と義務」となった。その後に出された1923年 6 月20日の訓示（instruction）は、戦後にまで影響をもったが、そこにおいて道徳教育は「知らしめることでなく、欲さしめることにある」「理性より心に訴えかける」「善にむけて自由意思を導く技法である」とされた。準備級・初級では子どもに習慣をつけることが強調され、そのために教師が教室内で模範を示すことがいわれた。子どもの日常の実践を通しての道徳教育がいわれ、中級になると「習慣について指導するだけでは不十分である。彼らの自由を使うことを学ばせなければならない。自由な規律、いわば子どもたちに正当化の理由を示して指示を与える規律を実践させるだけでなく、少なくともある場合に学校の活動のある領域においては自治（self-government）がなければならない」とされた。進歩主義的教育方法へと変質したといえよう。「神に対する義務」の記述はここで消滅した。

　ヴィシー政権期（1940〜1944）には「道徳・市民・愛国教育」が行われようとし、また公立学校での宗教教育の復活も企てられた[14]。言うまでもなく、それは短期間の試みに終わった。

2　戦後期の道徳・市民教育

　第二次世界大戦後、小学校では準備級から上級までが、「道徳・市民」から「道徳」のみの内容となった。中級・上級では「節制、誠実、謙虚、親切、勇気、忍耐、労働への熱意、協力心、団体心、対話の尊重、他者の理解、母国愛、家族・祖国に対する義務」という内容であり、戦前の道徳教育の内容がほぼそのまま引き継がれて上級にまで延長された。完成級においては「道徳と市民生活の準備」科がおかれ、「愛国の感情」「コミューン、行政の組織であり文化、道徳、職業、社会生活の中心」などの項目がある。

　その後、1969年に小学校において教科課程を「基礎教科」「目覚まし科目」「体育・スポーツ」の3群に改編する「三区分教授法」が導入され、独立の時間としての道徳・市民科は消滅した。「目覚まし科目」には理科、地理、歴史、芸術系の教科の内容を含み、1969年では週7時間が割り当てられ、時間割上では午後に配置された。1975年のアビ改革では「目覚まし活動」となった。

　この時期は「道徳」は合科学習の一環となった。学問系統を重視した主知主義的教育が退けられ、子どもの興味・関心に基づいた活動を重視する新教育理論を背景としている。一方で、独立の時間でなくなったこともあって、道徳教育が次第に行われなっていくこととなった。[15]

　前期中等教育では、1961年に「市民（instruction civique）」が設置された。それは、「市町村」「県」「市町村、県、地域の社会・経済組織」「行政組織、フランスの努力」という項目であるが、政治制度の知識にかかわる内容が中心であった。1969年には「目覚まし科目」が導入され、市民科はその一部とされたが、学習指導要領内容はほとんど変化しなかった。1977年以降のアビ改革では「歴史・地理・経済・市民」（ただし、市民はéducation civiqueとなった、知育中心のinstructionから、徳育をも含むéducationに変更された）科が設置されたが、この当時の教科書を見ると市民の分野にはわずかな分量が割かれているのみであり、歴史・地理が中心であった。[16]

3　1985年の再導入以降の市民教育

　こうして、道徳・市民教育には充分な時間が確保されない状況となったが、

シュヴェーヌマン（Chevènement、1939～）国民教育省大臣のときに、市民教育
が「再導入」されることとなる。シュヴェーヌマンは「市民教育は共和国の義
務である。なぜなら共和国は市民を必要とするからだ」と述べ、フェリーを引
き合いに出し「分裂の危機にあるわれわれの社会」のなかで「国としての連帯
が必要になる」と述べている。[17] 1985年の学習指導要領より、小・中学校で独立
教科としての市民教育が再導入されることとなる。

▶ （1）小学校における市民教育

　小学校において、1985年の学習指導要領を見ると、初級（7～9歳）から「祖
国」「共和国の標語」「選挙権と普通選挙」など、中級（9～11歳）になると「人
および市民の権利宣言」「世界人権宣言」「自由」「フランスの制度」「社会にお
ける生活と実践」「世界の中のフランス」といった小学生から市民にかかわる
制度について、かなり高度な学習が導入されることとなった。

　それが、1995年の改訂になると内容は大きく変化する。日常生活、市民とし
て共同生活を送るための道徳を教えるといったことに中心が移動した。例えば、
深化学習期（8～11歳）では、「責任ある市民になるために、学校から社会へ」
という項目で、自己、他者の尊重、責任感といった内容が強調された。他者の
良心の自由を尊重し、権利主体として尊重すること、権利を行使する主体とし
ての責任、といったことが中心となる。共和国の制度に関する学習は高学年の
みとなる。

　さらに、2002年版の改訂では、基礎学習期（6～8歳）に「共に生きる」が
週0.5時間の話し合いの時間として、深化学習期に「共同生活」が週0.5時間の
定期的討論の時間として設置され、すべての教科の時間に分配される横断的領
域として「市民教育」が週1時間割り当てられた。すなわち、特定の教科指導
の時間ではなく、学級における「話し合い」を中心において市民性を育成して
いくことになった。「共に生きる」の目標としては、「集団生活の規則に適合す
る」「同級生や大人と会話する」「学校共同体のなかにおいて人格を形成しつづ
ける」といったことが挙げられ、共同生活を送るための「規則」が強調される。
「校則は小学校の最初の新学期には提示させなければならない。そして、教師
は学級生活の規則を集団で作らせる」とある。「共同生活」は「学校の生活に
十分参加する」「市町村における市民となる」「フランスにおける市民となる」
「ヨーロッパにとけこみ、フランス語圏を見渡し、世界に通じる」といった項

目である。横断的領域としての「市民教育」は、例えば「フランス語」では議論、理由づけ、コミュニケーション、「体育」においてスポーツのルール、「外国語」「地理」では他国の理解、といったことが市民性の育成にかかわる。[18]

　2008年6月には新たに小学校学習指導要領が告示され、「市民・道徳(instruction civique et morale)」が設置された。[19]「道徳」の語句が久々に復活させられたその内容は、基礎学習期では「児童は社会における礼儀と社会における行動の規則を学ぶ」など若干道徳教育的な内容が含まれている。しかし、道徳教育を前面に押し出す内容のものとはいえない。このころの小学校において、市民教育の時間は多くなかったといわざるをえず、他の教科学習等を含めて全面的に「市民の育成」が行われていた。

▶ （2）中学校における市民教育

　中学校においても1985年の学習指導要領では、その内容では市町村、県、地域、共和国、ヨーロッパの政治制度の解説が中心であった。人権（自由）や国際問題に関する記述もあった。[20]

　1995年版学習指導要領になると、その前書きで「制度の知識は重要ではあるが、しかしそれだけでは市民性の習得とはならない。……市民性を徐々に行使するための基礎となる知識、価値、原理を生徒は自分のやり方で自分のものとしなければならない」とあり、[21]「共和国の価値」を源泉とする、市民道徳にかかわる内容が多くを占めるようになった。知識を教える市民教育から共和国の市民の道徳教育への要素を高めていくこととなる。例えば、「自由」であれば他者の私生活の尊重、「平等」であれば日常生活における差別の禁止、などと道徳的な意味内容が教科書に記述される方向にうつった。

　1989年教育基本法（ジョスパン法）第1条で「教育は……生徒を中心に構想され、組織される」と規定されたのをうけて、子どもにとって身近な問題である「学校の意味」「教育を受ける権利」「学校における安全」「少年司法」といった内容も登場するようになった。

　このころから、「市民性へむけての教育(Éducation à la citoyenneté)」という語句も使用されるようになった。[22]市民教育の再活性化(redynamisation)とも呼ばれる。そこでは「責任」ある主体となり批判的な精神の持ち主として自分の判断ができることが強調されている。

　「市民教育」の時間は歴史・地理の教師が担当する時間であるが、市民性の

育成は全教員がかかわるものとされた。1998年通達では市民教育科以外の教科教育、および「市民的イニシアティブ (initiatives citoyennes)」活動での市民性の育成が強調されている。[23] 授業以外にも例えば、校則について意見をもつことや、生徒代表を選出することおよび育成する、学級評議会の機能について考えることなどが、市民性の育成にかかわる。

　さらに、2008年 8 月には中学校学習指導要領も新たなものが告示された。[24]「市民教育」は「共通の基礎」を意識したものとなっていて、新たに「中学生」「子ども」「住民」「人間であること、人間だけ」といった項目が入ったが、内容的に大きな変更は行われなかった。

▶ (3) 高校における「市民・法律・社会」の導入

　高校においては長く「道徳・市民」教育の教科は設置されていなかった。フランスではジョスパン改革以来、高校進学率が上昇するが、[25] それをうけて1999年の学習指導要領より、「市民・法律・社会」が新たにすべての高校において 3 年間にわたっての必修教科（週0.5時間）として設置された。各学年ともに「市民性」にかかわる事項をテーマ（例えば、「市民性と市民精神」「市民性と統合」）を学習する。多くの場合「生徒による問題設定 → 発表資料作成づくり → 討論 → レポート作成」といった段取りで行われる。それは論理的な思考・主張をする能力や批判的思考能力、自分の見解を表現する能力を身につける機会としても位置づけられる。[26]

　同学習指導要領は2010年に改訂された。[27] 学習すべきテーマについては改訂されたが、基本的な教科の性質はそのままである。

4　フィヨン法・ペイヨン法と市民教育

　2005年の新教育基本法（フィヨン法）第 2 条では「知識の伝達に加えて、国は生徒に共和国の価値を共有させることを学校の第一の使命とする」と規定された。[28] 価値教育の強化が目指されたといえる。そして、同法第 6 条では「義務教育……は少なくとも、共通の基礎を獲得するのに必要な手段を各々の生徒に保障しなければならない」とある。その「共通の基礎」の一内容としては、2006年 7 月11日の政令により「社会で生きる」「市民生活の準備する」ための知識（人および市民の権利宣言、子どもの権利条約、共和国の象徴など）、能力（判断力、批判的精

神を持つなど)、態度 (法や参加の価値意識を持つなど) が具体的に規定されている。[29]

　さらに、2013年のペイヨン法の制定をうけて、2015年からは小学校、中学校、高校のすべてに「道徳・市民 (enseignement moral et civique)」科が導入され、また新たな「共通の基礎」が定められた。その動向は次章以降に扱う。

　以上、フランスの道徳・市民教育の歴史を概観したが、第三共和政期の排外的な「国民教育」から、1985年の「再導入」以降の「市民教育」へという大きな流れがあるといえよう。近年の市民性教育はEU統合やグローバリゼーションの中、その中身には「ヨーロッパにおける市民」「地球における市民」といった観念が含まれるなど、さらなる変化が生じている。非宗教的、民主的、社会的な共和国の一員として、市民として持つべき道徳、社会性や責任、自律性、批判的理性といったことを教える方向に動いている。

注

1) 先行研究として、小林順子「道徳・市民教育」原田種雄ほか編『現代フランスの教育』早稲田大学出版部、1988年、264-273頁、藤井佐知子「フランスの市民性形成論(1)(2)」二宮皓編『市民性形成論』放送大学教育振興会、2007年、108-140頁、鈴木規子「フランス共和制と市民の教育」近藤孝弘編『統合ヨーロッパの市民性教育』名古屋大学出版会、2013年、103-119頁、石堂常世「市民性育成教育の論理と構造」『比較教育学研究』第15号、1989年、2-28頁、等がある。

2) 参照、大津尚志「フランス革命期の市民教育」『公民教育研究』第17号、2010年、1-15頁。

3) Talleyrand-Périgord, Rapport sur l'Instruction publique, (Baczko, *Une éducation pour la démocatie*, Droz, 2000, p. 116, 128.

4) Condorcet, *Cinq Mémoire sur l'instruction publique*, GF-Flammarion, 1994, pp.58-180.

5) 参照、大津尚志「19世紀前半フランス初等学校における道徳・宗教教育」『教育学研究論集』(武庫川女子大学) 第12号、2017年、19-29頁。

6) 参照、大津尚志「フランス第二共和政期における市民教育構想」『武庫川女子大学紀要 (人文・社会科学)』第61号、2014年、31-41頁。

7) 大津尚志「ファルー法期フランスにおける初等学校と宗教教育」『学校教育センター年報』(武庫川女子大学)、第2号、2017年、21-31頁。

8) 大津尚志「第三共和政期の道徳・公民教科書分析」『日仏教育学会年報』第10号、2004年、151-164頁。

9) *Journal Officiel. sénat débat parlementaires*, 1881, p. 1026.

10) 参照、相羽秀伸「フランス第三共和政初期の世俗化政策と道徳教育」『日仏教育学会年報』第11巻、2005年、92-103頁。

11）Bert, P., *L'instruction civique à l'école*, Picard et Kaan, 1882, 当時の教科書について、大津尚志「第三共和政期の道徳・公民教科書分析」『日仏教育学会年報』第10号、2004年、151-164頁。

12）参照、大津尚志「フランスにおけるフェリー退陣以降の道徳・市民教育（1885-1912）」『教育学研究論集』第13号、2018年、1-8頁。

13）参照、大津尚志「第一次世界大戦後フランスの道徳・市民教育カリキュラム」『学校教育センター年報』（武庫川女子大学）、第4号、2019年、77-88頁。

14）参照、大津尚志「ヴィシー政権下の『道徳・市民・愛国教育』」『武庫川女子大学紀要（人文・社会科学）』第64巻、2017年、11-19頁。

15）参照、大津尚志「第二次大戦後フランスの小学校道徳教育」『教育学研究論集』第8号、2013年、17-22頁。

16）参照、大津尚志「コレージュにおける市民性の育成に関する一考察」『日仏教育学会年報』第7号、2001年、139-146頁、大津尚志「フランス1950〜70年代の道徳・市民教育」『学校教育センター紀要』（武庫川女子大学）第5号、2020年、26-38頁。

17）Chevènement, J-P., *Apprendre pour entreprendre*, Librairie Générale française, 1985, p. 227, 239.

18）2002年小学校カリキュラムについて、大津尚志「小学校およびコレージュにおける公民教育」「イギリスの市民性教育とGCSE試験」武藤孝典・新井浅浩編著『ヨーロッパの学校における市民的社会性教育の発展』東信堂、2007年、49-63頁。

19）大津尚志、橋本一雄、降旗直子「フランスにおける市民性教育関連の2008年版学習指導要領」『教育学研究論集』第6号、2011年、113-122頁、大津尚志「フランスの道徳教育」伊藤良高ほか編『道徳教育のフロンティア』晃洋書房、2014年、109-112頁。

20）1985年学習指導要領に関して、科研費報告書（研究代表者、石堂常世）『フランスの道徳・公民教育　論文集』『フランスの道徳・公民教育　資料集』1991年、降旗直子「1980年代フランスにおける公民教育（Éducation civique）政策の展開」『日本教育行政学会年報』第35号、2009年、113-129頁、参照。

21）大津尚志「フランスの教育課程行政と教科書に関する研究」『東京大学大学院教育学研究科教育行政学研究室紀要』第19号、2000年、21-29頁。同時期の教科書について、大津尚志「フランスのコレージュにおける公民教科書分析」『公民教育研究』第10号、2003年、67-77頁、高橋洋行「フランスにおける市民性教育のカリキュラムについて」『日仏教育学会紀要』第9号、2003年、171-181頁。

22）Circulaire no 96-103 du 15-4-1996, « Éducation à la citoyenneté : une redynamisation de l'éducation civique », *B.O.*, no 23, 6-6-1996, p.XXIV-XXV.

23）Circulaire no.98-140 du 7-7-1998, *B.O.*, no.29, 16-7-1998. 邦語文献では、鈴木規子「フランスにおける市民性教育の現状と課題」『日仏教育学会年報』第12号、2006年、76-86頁。

24）大津・橋本・降旗、前掲書。

25）参照、藤井佐知子「高校教育改革における知の再構築と市民性育成」『比較教育学研究』第26号、2000年、41-53頁。

26）大津尚志「フランス高校教育段階における『公民・法律・社会』科の理論と方法」『社会科教育研究』第99号、2006年、34-41頁。

27）大津尚志・橋本一雄・降旗直子「フランスの高校『公民・法律・社会』学習指導要領（2010－2012年版）」『教育学研究論集』（武庫川女子大学）第8号、2013年、123-129頁。

28）詳しくは上原秀一「フランス教育法における『共和国の価値の共有化』の原理」『フランス教育学会紀要』第20号、2008年、63-76頁。

29）翻訳・解題には、小野田正利・園山大祐「フランスにおける『知識・技能の共通基礎』の策定の動向」研究代表者　山根徹夫『諸外国における学校教育と児童生徒の資質・能力』国立教育政策研究所、2007年、30-60頁、がある。

第3章　2015年の「道徳・市民」科の導入とその後

は じ め に──道徳・市民科の導入

　現在のフランスでは、ペイヨン法（2013年、正式名称は「共和国の学校の再構築のための基本計画法（la loi pour la refondation de l'École de la République）」）のもとで制定された法令に影響をうけた道徳教育が行われている。2015年に官報に掲載された学習指導要領により、小学校、中学校、高校ともに「道徳・市民（enseignement moral et civique）」科が導入されることとなった。これにより、初等中等教育の各段階に道徳・市民科が導入された。「道徳」が前面に出される教育が行われるのは約50年ぶりである[1]。

　現在のフランスの道徳教育は、道徳・市民科および学校教育全体（教科、教科外）を通して行われている。教育法典（L.111-1）に「学校の第一の使命は知識の伝達に加えて、児童生徒に共和国の価値を共有させること」と明記されている。すなわち、学校のすべての活動（他の教科だけでなく、学級内でルールを作る、など教科外活動[2]や学校周辺活動[3]をも含む）が、共和国の価値を教える教育とかかわる。それは、後述するように道徳・市民科の学習指導要領に、他教科とのつながりが明記されていることにもうかがえる。

　2015年の学習指導要領には、「道徳教育は学校だけの責任ではない、家庭ではじまるものである[4]」とある。あくまで学校における道徳教育はフランス市民にとっての「共通の道徳」であり、家庭における道徳教育（宗教教育を含む）を補完するものという位置づけである。「共通の道徳」とは共和国の価値に基づき、意見や宗教が異なる他者と「共に生きる（vivre ensemble）」ためのものである。フランスにおいては、思想・良心の自由や意見の多様性が重視されている。宗教の自由とのかかわりでいえば、公教育の脱宗教性（ライシテ）という概念を疑う見解は、フランスではまずない。公的空間に宗教を持ち込まない、互いの信教・良心の自由は尊重しあうというライシテは「共和国の価値」の一つであ

る。学校内に宗教を持ち込むことは、宗教的事実の教育は別として排除される。そういった前提は公教育における道徳・市民教育にこれまでも反映されてきた。

　しかし、極端な価値相対主義をとると価値基準そのものが成立しなくなり、道徳教育を行うことは不可能になる。フランスは「価値観の多様性を認める」という価値は否定しないし、それ以外にも公立学校で教えられることが否定されない「普遍的価値」と考えられるものは存在する。それは「共和国の価値」ともいわれるが、自由、平等、人権の尊重などといった概念が該当する。道徳教育を行う以上、何らかの価値を教えることになるが、思想・良心の自由は尊重しなければならない。詳しくは後述するが、「共和国の価値の教育」および「感受性（sensibilité）」の教育によってフランスはこの問題に対応しようとしていると考える。[5]

　フランスの初等中等教育の教育課程基準としては、コンテンツ重視からコンピテンシー重視になる傾向が近年存在する。コンピテンシーは当初、職業教育にかかわって登場した概念であるが[6]、今では全教科に押し広げられ、道徳・市民科においても適用されている。それでは、いかなるコンピテンシーが求められるのであろうか。

1　道徳・市民科導入までの動向

　フランスの道徳・市民教育の導入への政策の動きとその後の動向をまとめると以下の通りとなる。

2012. 5. 15.	オランド大統領当選、ペイヨンが国民教育大臣になる。
2012. 10. 12.	ペイヨンによる「モラル・ライック」に関する指示
2013. 4. 22.	「道徳のライックな教育のために」答申
2013. 7. 8.	ペイヨン法成立
2013. 9. 6.	ライシテ憲章を定める通達
2014. 7. 3.	小学校・中学校「道徳・市民」学習指導要領案　「感受性」の文化・教養
2014. 12. 18.	高校「道徳・市民」学習指導要領案
2015. 1. 6.	シャルリー・エブド事件
2015. 1. 22.	ヴァロー＝ベルカセム「市民行程」など「11の方策」を提言

2015. 2. 12.	「共通の基礎」の案、国民協議に
2015. 3. 31.	「共通の基礎」を定める政令
2015. 6. 12.	小学校・中学校、高校学習指導要領「道徳・市民」
2015. 11. 13.	同時多発テロ
2016. 6. 20.	「市民行程」に関する通達
2018. 7. 17.	小学校・中学校の道徳・市民学習指導要領の改訂
2019. 1. 17.、7. 19.	普通・技術高校の道徳・市民学習指導要領の改訂
2019. 4. 3、2020. 2. 5.	職業高校の道徳・市民学習指導要領改訂
2019. 7. 26.	ブランケール法制定
2020. 7. 17.	小学校・中学校の道徳・市民学習指導要領一部改訂（環境教育）
2020. 10. 16.	中学校教諭殺害事件
2021. 8. 24.	共和国の原理尊重強化法の制定

出所）大津作成。

　2012年の大統領選挙でオランド（Hollande、1954〜）が当選し、ペイヨン（Peillon、1960〜）はエロー内閣のもと、国民教育大臣に就任する（在任、2012. 5. 16.〜2014. 3. 31.）。彼が国民教育大臣として道徳・市民という新たな教科を設置することに関心をもっていたのは、著作や演説などにうかがわれる。

　ペイヨンは大臣になるまえに『フランス革命はまだ終わっていない』や、フランスの道徳教育にかかわる思想家ジョレス、ビュイッソンらにかかわる著書を出しており[7]、国民教育大臣になってからは「共和国の学校の再構築」を唱える。「共和国の学校」が社会を作る、共和国の学校の新たな道徳（morale）教育が新たな習俗（moeurs）を作る[8]、1789年にはじまる大革命の理想はまだ実現していない、という前提である。確かにフランス革命期の市民教育は短期間で頓挫したし[9]、第三共和政期フェリー法以降（フェリー、およびビュイッソンらによる）の改革も不徹底なものであった。学校から宗教教育が徐々に排除されていったことはあるが、それではどのような道徳を教えるべきかについては、当時の教科書をみると教科書ごとの相違が多く、それがそのまま放置されていたのは当時の政治状況を考えれば仕方ないこととも考えられる[10]。

　彼は2012年6月12日に「国民教育にかかわるすべての人への手紙」を発表し、道徳的責任を訴えかける[11]。7月5日に「国民協議」がはじまり、広く意見の募集がかけられた。同年10月の「共和国の学校を再構築しよう」というパイロット報告書が作成され、そこでは、「共に生きる」ための共通規範、共通善を教

える必要性がいわれる[12]。

　彼は、ライシテ（laïcité）という観念は共存を可能にするための精神性（spiritualité）であると述べる[13]。共存（co-exitstence）のための普遍道徳が存在する、教えるべき「善」があるという前提にたつ。これまでに「共和国の価値」を学校で教えるということはなされていたが、さらに一歩踏み込んだ「共存のための道徳」へと向かう主張を行う。

　さらに彼は、「世俗宗教（religion laïque）」「共和派のための宗教（religion pour la républicaine）」という用語を使うことがある[14]。精神的な面を含めた世俗道徳の教育が必要と考えていて、彼の主張は「新しい宗教」とさえ呼べるところもある。後に2016年に出される共和国の市民の育成過程に関する「市民行程」という通達では、共和派の儀式（cérémonie républicaine）という用語が用いられている[15]。しかし、宗教を私的領域にあるものとし、公立学校から排除するフランスにおいて、「世俗宗教」は可能なのであろうか。

　一方で、ペイヨンは『学校を再建する』という単行本を2013年2月に出版し[16]、意見や信仰の多様性の共存のための道徳の必要性を述べる。この時点では共存のための道徳とは何かを具体的には述べていないが、それはその後教育課程高等審議会（Conseil supérieur des programmes, CSP）などの議論を通して明確化されていく。

　ペイヨンは審議会をひらき、第三共和政期の道徳教育史（ビュイッソン）の研究者であるレッフェルらに答申を求める。ペイヨン法制定過程の途中の2013年4月22日には「世俗的道徳：道徳の世俗的教育のための報告書」が出されている[17]。そこでは、小学校では週1回の特設の道徳・市民の時間が必要と述べている。学校は「公益（intérêt général）」の実現の場でありそのための道徳が必要とされ、「共通の道徳」とは人間の尊厳、自由、平等、連帯、ライシテ、公正の精神、尊重を理解することであると述べている。同報告書はCSPへの提言として、「感受性」の教育を提案している。「感受性」は学級の生活で学ぶもの、多教科の学習で修得していくものとも述べている。その後に、CSPは「共に生きる」ための「感受性」の中身を具体的にさだめていくこととなる。なお、審議会の議事録は公開されないゆえに、審議の動向を具体的には明らかにできない。しかし、これまで述べてきたペイヨンの精神性を含めた道徳教育の必要性などの主張をまとめる形で議論が進められているとはいえる。また、フランスにおいて、移民の流入などにより児童生徒の多様化がますます進むという外的状況

を鑑みていることも、「共に生きる」ための「感受性」の観念が導入された理由として考えることができる。

　道徳・市民教育に関しては、ペイヨンの主導により、彼の見解・思想とほぼ一致したかたちで議論が進められて、また他の関係分野を含めて2013年7月8日に「共和国の学校の再構築のための基本計画法」（通称、ペイヨン法と呼ばれる）が制定される。道徳・市民教育に関係することとしては、第3条で学校において共和国の標語、三色旗、EU旗、人および市民の権利宣言の提示が義務付けられた。第15条で、教育によって児童生徒に発達させるべきものとして、人格（personalité）に加えて「道徳的感覚と批判精神（sens moral et son esprit critique）」を追加したことがある。道徳・市民教育に直接関する条文は以下のとおりである。ペイヨン法第41条により、教育法典の一部が改正された。

1.　学校は、とりわけ道徳・市民教育（enseignement moral et civique）を通して、児童・生徒に、人とその出自と差異、男女平等、また脱宗教性（ライシテ）の尊重について習得させるものとする。（L.311-4）
2.　道徳・市民教育は生徒を責任ある自由な市民へと導き、批判精神とよく考えられた振る舞いを身につけさせるようにする。（L.312-15）

　法律に「道徳（moral）」を教育するということが明記された。その後、「道徳・市民教育」は教科名になる。第2項の内容が示す「批判精神をもち、よく考えることのできる自由で責任ある市民」が、共和国の学校が育成すべき人間像だと述べている。それでは、より具体的にはどのような教育内容が実践されることとなるのか。第45条では、学校教育は家庭と協力して、道徳・市民教育を確実に行う、と法定した。それは学習指導要領にも引き継がれており、各家庭で行われる道徳（宗教を含めた）教育と学校における道徳教育の結びつきが述べられている。

　既に、2005年フィヨン法にある「共和国の価値」に加えて、上記の第1項により強調点が3つ挙げられた。ライシテの強調についてであるが、ペイヨンはさらにその後2013年9月に、「ライシテ憲章」という、ライシテ関係の憲法や法律の条文の文言などをまとめたものをポスターとして学校に掲示することを義務付ける通達を出す（図3-1）。同通達で「ライシテ憲章は公立初等・中等学校では見える形で掲示されなければならない」とあり、ライシテの意識を生

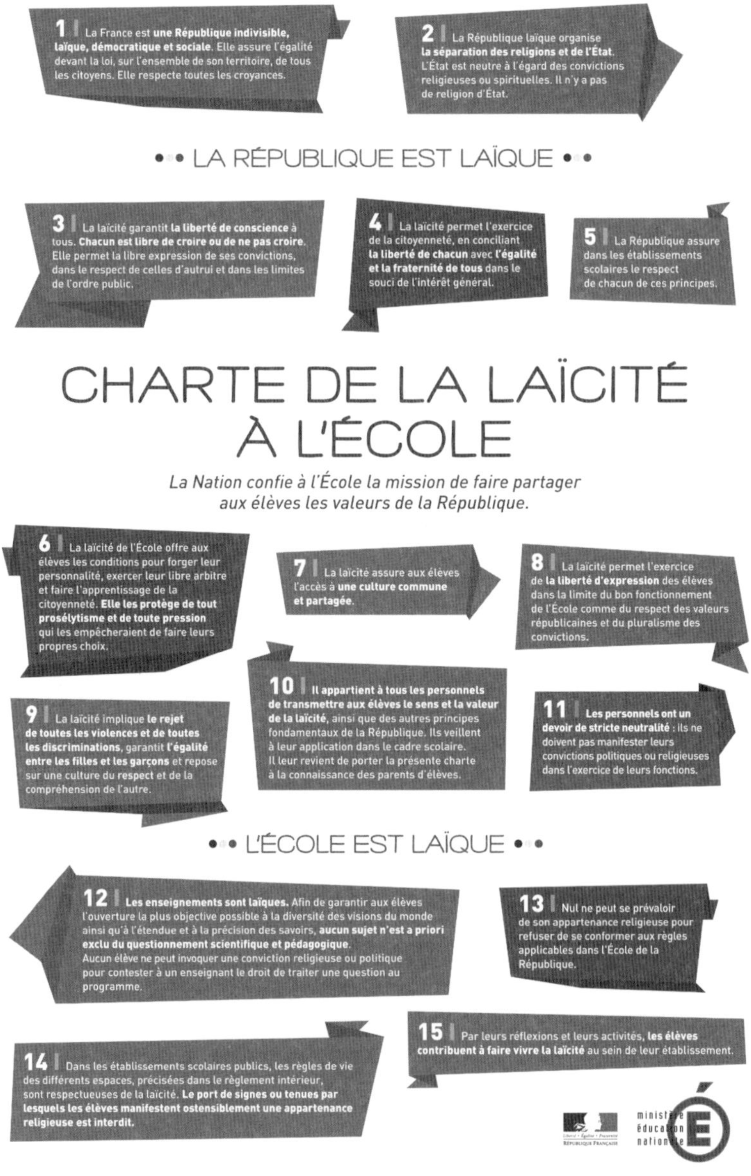

1 La France est **une République indivisible, laïque, démocratique et sociale**. Elle assure l'égalité devant la loi, sur l'ensemble de son territoire, de tous les citoyens. Elle respecte toutes les croyances.

2 La République laïque organise **la séparation des religions et de l'État**. L'État est neutre à l'égard des convictions religieuses ou spirituelles. Il n'y a pas de religion d'État.

LA RÉPUBLIQUE EST LAÏQUE

3 La laïcité garantit **la liberté de conscience** à tous. **Chacun est libre de croire ou de ne pas croire**. Elle permet la libre expression de ses convictions, dans le respect de celles d'autrui et dans les limites de l'ordre public.

4 La laïcité permet l'exercice de la citoyenneté, en conciliant **la liberté de chacun** avec **l'égalité et la fraternité de tous** dans le souci de l'intérêt général.

5 La République assure dans les établissements scolaires le respect de chacun de ces principes.

CHARTE DE LA LAÏCITÉ À L'ÉCOLE

La Nation confie à l'École la mission de faire partager aux élèves les valeurs de la République.

6 La laïcité de l'École offre aux élèves les conditions pour forger leur personnalité, exercer leur libre arbitre et faire l'apprentissage de la citoyenneté. **Elle les protège de tout prosélytisme et de toute pression** qui les empêcheraient de faire leurs propres choix.

7 La laïcité assure aux élèves l'accès à **une culture commune et partagée**.

8 La laïcité permet l'exercice de **la liberté d'expression** des élèves dans la limite du bon fonctionnement de l'École comme du respect des valeurs républicaines et du pluralisme des convictions.

9 La laïcité implique **le rejet de toutes les violences et de toutes les discriminations**, garantit **l'égalité entre les filles et les garçons** et repose sur une culture du **respect** et de la compréhension de l'autre.

10 **Il appartient à tous les personnels de transmettre aux élèves le sens et la valeur de la laïcité**, ainsi que des autres principes fondamentaux de la République. Ils veillent à leur application dans le cadre scolaire. Il leur revient de porter la présente charte à la connaissance des parents d'élèves.

11 **Les personnels ont un devoir de stricte neutralité** : ils ne doivent pas manifester leurs convictions politiques ou religieuses dans l'exercice de leurs fonctions.

L'ÉCOLE EST LAÏQUE

12 **Les enseignements sont laïques.** Afin de garantir aux élèves l'ouverture la plus objective possible à la diversité des visions du monde ainsi qu'à l'étendue et à la précision des savoirs, **aucun sujet n'est a priori exclu du questionnement scientifique et pédagogique.** Aucun élève ne peut invoquer une conviction religieuse ou politique pour contester à un enseignant le droit de traiter une question au programme.

13 Nul ne peut se prévaloir de son appartenance religieuse pour refuser de se conformer aux règles applicables dans l'École de la République.

14 Dans les établissements scolaires publics, les règles de vie des différents espaces, précisées dans le règlement intérieur, sont respectueuses de la laïcité. **Le port de signes ou tenues par lesquels les élèves manifestent ostensiblement une appartenance religieuse est interdit.**

15 Par leurs réflexions et leurs activités, **les élèves contribuent à faire vivre la laïcité** au sein de leur établissement.

Liberté • Égalité • Fraternité
RÉPUBLIQUE FRANÇAISE
ministère éducation nationale

図３－１　各学校で掲示が義務付けられている「ライシテ憲章」

出　所　）https://www.education.gouv.fr/sites/default/files/2020-02/charte-de-la-la-cit-a 4 -43565.pdf（2023年８月25日）

徒に伝えることが強化されたといえる。

　その内容は、前半は「共和国は脱宗教的である」として、フランス1958年憲法第 1 条から引用した文言である「フランスは不可分で脱宗教的、民主的かつ社会的な共和国である。……フランスはすべての市民の法の下の平等を保障する。フランスはあらゆる信条を尊重する」（第 1 条）のほか、「ライシテはすべての人に良心の自由を保障する」（第 3 条）など、1905年の教会と国家の分離に関する法律に由来する文言などが並べられている。

　後半は、「学校は脱宗教的である」としてより具体的に、「ライシテは共通で共有された文化・教養へのアクセスを児童生徒に保障する」さらに、「表現の自由」「共和国の価値と意見の多様性の尊重」（第 8 条）、「差別や暴力の拒否」「他者の尊重」「男女平等」（第 9 条）、「中立である義務」（第11条）などの原理が並べられている。

　学校は「ライシテ」という憲法的価値を実現する場であり、子ども同士が自己の信条にかかわらず互いの良心の自由を尊重する、宗教的中立性を守る場所として位置づけられることが、再確認されている。フランスにおいては1989年にイスラーム教徒の女生徒が、宗教を示すスカーフを着用したために退学処分となった事件があった。2004年の法律により公立学校内で生徒が着用することを禁止するという法的な決着はついているが、その後も宗教的多様性と共和国の価値についての議論は続いている。

　上記の第 2 項は、共和国が育成を目指す市民の理想像を定めたものといえる。共和国の価値を身につけて、他者と共同生活ができ、自分で批判的に思考し行動できる責任と主体性をもった市民を前提としている。

　教育課程高等審議会により2014年 7 月 3 日に小学校・中学校学習指導要領案がまず出される。その後、各地から意見募集がかけられるなどして、2015年 4 月10日に最終案、6 月25日に学習指導要領が告示される学習指導要領案が公開された。そのあと、教育関係者・国民からの意見が募集されて協議が行われたことをうけて、2015年 6 月25日には小学校・中学校道徳・市民科学習指導要領が告示される。協議の間にシャルリー・エブド事件（2015年 1 月、風刺画を掲載するシャルリー・エブド社がイスラーム過激派に襲撃された）もおきている。事件の学習指導要領への影響があったかははっきりしない。協議の後の変更点としては「学校生活だけでなくあらゆる教科が道徳・市民教育に貢献する」など、道徳・市民教育を強調する語句がはいったことがある。また、「知識とコンピテンシー

にかかわって評価するが、生徒の行動（comportement）を評価するものではない」という語句も追加された。

　3年の学習期ごとに「目標とする知識、能力、態度」「教育の目標」と区分されて明記されている。全体で知識とコンピテンシーを学ぶことはいわれているものの、学習指導要領案に4領域ごとにはあった「コンピテンシー」の項目はない。しかし、「教育の目標」のなかに「〜する」という動詞の内容が多くあり、実質的にコンピテンシーが定められているといえる。それは後述する教科書にも見受けられることである。

　学習指導要領作成の途中（2015年2、3月）に「共通の基礎」が作成される。第3領域「人と市民の育成」では、4つの領域にほぼあてはまる語句がはいる。

　ペイヨンそしてアモンのあとをうけた国民教育大臣ヴァロー＝ベルカセム（Vellaud=Belkacem、1977〜）は、2015年1月22日には、「共和国に価値のために学校を大きく動かす11の施策」[20]を出す。それは文字通り、「共和国の価値のための学校」をより強化するものであり、価値教育の強化のほか、「教師の権威と共和国の儀式（rites républicains）の再構築」で共和国の祭典、「ライシテの日」、次いで「市民行程」といったことが述べられている。さらに、保護者との交流時間・空間の確保、地域資源の活用、不平等の削減や学業失敗対策などが語られた。

　「市民行程」とは、2016年6月20日に正式に通達が出されたものである。[21]その通達により、小学校から高校にかけて、学校において生徒ごとに「市民行程」というポートフォリオを作成することとなった。ポートフォリオに保存すべき内容は、道徳・市民科における学習、共和国の価値の習得が一つの領域を占める。それ以外には、中学校に関するものとして以下が挙げられる。

・教科、教科間の計画活動へ参加する、協力する。
・情報メディア教育（EMI）情報を発信する、批判精神の習得など。
・学校参加：小学校で子ども評議会、コレージュで中学生活評議会、そのための選挙。学校以外へも地方、大学区、国への参加。
・政治、経済、社会にかかわる活動。
・学校の生活で、社会的教育活動のホワイエ（クラブ活動）、学級生活の時間など。
・アソシエーションへ、地域への参加

　共和派の儀式（cérémonie républicaine）を行い、中学校卒業時に前期中等教育終了試験（DNB）の証書と、市民性証書（livret de citoyenneté）を「家族の前で荘厳な儀式として」授与されることとなった。

　2017年 5 月にはマクロン政権が発足する。国民教育大臣にはブランケール（Blanquer、1964～）が就任し、2019年に信頼される学校のための法律（loi pour ane école de la confiance、ブランケール法）が制定された。そこでは、第 2 条で「フランス共和国の国章である三色旗（青、白、赤）、EU旗、共和国の標語、国歌の歌詞は初等中等教育の学級の教室ごとに掲示されるものとする」と規定され、これまで「学校」であったのが「学級の教室」になったことにより、「共和国の価値の象徴[22]」についての教育が、ここでもさらに強化された。同法10条では、「公立学校では、生徒の信条をおしつけるもの、教えこもうとする傾向にあるような振る舞い（comportement）は禁止される」とあり（違反には罰金刑も規定）、学校に宗教を持ち込むことの禁止をさらに強化する見込みといえる。

　2018／2019年に学習指導要領が改訂される[23]が、小学校・中学校用では2015年版と同様に「感受性、権利と規則、判断、かかわり」という 4 つの領域に分けたコンピテンシーが掲げられている。大きく基本方針を変えるものではない。

　2020年10月16日には、中学校の歴史・地理教諭が殺害されるという事件が発生する[24]。事件発生後すぐに（10月内に）教育視学官報告書が作成された。それによると、 3 年 4 組、 5 組の授業があった10月 8 日にパティ教諭は校長の聞き取りに応じたところで、「風刺画を見せるので、ショックをうける心配のある生徒は数分退出してよい」と発言している。実際に 5 人の生徒が特別支援員に付き添われて退出した。10月 9 日には生徒の母親より電話があり、母親は校長に「サミュエル・パティ教諭はイスラームの生徒に挙手を求めて風刺画のときに退出するようにいい、娘は差別されたかのように感じた」と言った。報告書を見るかぎりパティ教諭は「ショックをうける心配のある生徒は」と言い、母親は「イスラームの生徒は」と述べる、という食い違いがある。当該生徒の父は娘の話をきいて、インターネット、SNS上に教諭を非難する動画をあげるなどを行う。10月16日にパティ教諭は第三者により殺害された。

　なお、フランスの学校においては勤勉の義務が法定されており、欠席が認められる理由は法律で「子どもの病気、あるいは、家族が感染症の場合」「家族の儀式的会合（結婚、葬式）」「交通のアクシデントによる不都合」の 3 種のみに定められている（教育法典L.131-8）。宗教的理由による欠席（例えば性教育や水泳の

授業が該当する可能性があると考えられるが）は認められていない。

　2020年11月にブランケールは、翌新学期よりDNBにおいて生徒の市民としての参加活動を高く評価するなど、道徳・市民教育の強化を表明している。その後さらに、2020年12月には新たな法案が準備され、それは2021年8月24日になって「共和国の原理尊重強化法」が憲法院の審査も経て成立した。そこでは、多数の法律改正が規定されているが、教育法典に関しては第32条により「小学校、中学校、高校において」教えることとして、性暴力に加えて「女子割礼について」が追記された。一部のイスラームを意識してのことと考えられる。私立学校代表を含む大学区にある委員会に、社会混交（mixité sociale）を促進することが明記された（59条）のは、私立学校により社会が分離されることを意識してのものであろう。国立教師教育学院で「宗教的事実について、過激化について学際的に学ぶ」ことも明記された。他にも私立学校の学習指導要領に関する規定の強化や、閉鎖要件の緩和、家庭教育の許可要件の厳格化が規定された。文字通り、共和国の原理の尊重が強化されているといえる。

　ペイヨンの「共和国の宗教」「世俗宗教」の構想が彼の退任後も現実化する方向にある。ライシテは強調され、より厳格な方向にあるといえる。精神性にもかかわる教育を行い、中学校卒業時にDNBというディプロマと「市民行程」の証書を「厳粛な儀式」を通して受け取る、三色旗などの共和国の象徴を示すものが各教室に置かれるなど、「共和国の価値」を経典とする「世俗宗教」の実現と受け取ることも可能である。当然、反発が生じてもいる。教師殺害事件のように「共和国の価値への挑戦」とも受け取れる事件が生じた後も、むしろさらなる厳格なライシテを適用する方向へと少なくとも法令上は動いている。

② コンピテンシーをめぐる動向

　近年、フランスの小学校・中学校における教育がコンテンツベースからコンピテンシーベースに移りつつあるといわれる。それは、他の先進国・EU諸国の動向と重なるものである。OECDによるDeSeCoのキー・コンピテンシーが2003年に発表されている。欧州委員会による生涯学習のためのキー・コンピテンシーが2006年に発表された。フランスにおいて最初に発表された2006年7月11日政令の「知識およびコンピテンシーの共通の基礎」はEU、OECDの双方を参考にしたことを述べている。国民教育省関係の文書は、コンピテンシーの

特色として、「複数の教科にまたがる横断性」「複雑性」「統合性」および「文脈依存性」を挙げている[27]。コンピテンシーの概念の定義は論者によって多様と細尾は整理している[28]。それらを踏まえて本章では「知識・技能・能力・態度をもとにある社会的文脈において問題を解決する力」と定義する。ある文脈において、複数の能力（知識を持つことをも含めた）を動員して問題を解決する力と考える。なお、欧州委員会はその後2018年に新たな「キー・コンピテンシーに関する提言」を出している[29]。

　2006年の「共通の基礎」は大きく 6 つに分けられ、そのなかでも「社会的・市民的コンピテンシー」が道徳・市民教育とは関係が深い[30]。義務教育期間（当時 6 歳から16歳）において習得すべき「知識、能力 (capacité)[31]、態度」を明記している。それも踏まえた2008年の学習指導要領は従前のものと大きく変わらず[32]、市民教育に関してコンピテンシーの影響は限定的であった。2013年ペイヨン法が制定されたのちに、新たな「知識、コンピテンシー、教養の共通の基礎」が作成されることとなる。

　教育課程高等審議会（CSP）のなかに、さらに教科ごとに部会が作られて、コンドルセの思想の研究者であるカーンを中心とする道徳・市民科の教科部会[33]ができあがる。CSPは道徳・市民学習指導要領案を2014年 7 月 3 日に示し[34]、ここで「感受性」「権利と規則」「判断」「かかわり」の 4 つの領域が示されることになる。次いで、CSPは「共通の基礎案」を2015年 2 月12日に公開する[35]。「共通の基礎案」の 5 つの分野のうち第 3 分野が「人および市民の育成 (la formation de la personne et du citoyen)」であり、ここでも同じ 4 つの領域が示されることになり、「感受性」の内容が具体的に示された。それが、小学校・中学校学習指導要領に影響を与えていくこととなる。

　「共通の基礎案」を修正して、2015年 3 月31日に「知識、コンピテンシー、教養 (culture) の共通の基礎」が政令で定められた[36]。2006年版との違いとしては、規準に「教養」の語句があること、すなわち知識・コンピテンシーをさらに統合して「教養」を習得して、「よりよい行動を選択する規準となる知識の構造[37]」を作りあげること、および先の学習指導要領案に示された 4 つの領域に対応して特に「感受性」が強調されるようになったことがある。同規準は、共通の「知識」「コンピテンシー」「教養」をそれぞれ分けて具体的に示しているのではない。先に触れたペイヨン法41条 2 項の規定にあるような、教養を身につけた市民を育てることを前提にしているといえる。

　教科書において2008年学習指導要領改訂以降は、コンピテンシーの語句が頻繁に登場するようになる傾向にある。後述するが、特に2015年以降はさらに小学校・中学校の「道徳・市民」はコンテンツでなくコンピテンシーをベースに教科書が構成されているところがある。

　それでは、小学校・中学校・高校の各段階においてどのような「道徳・市民」科の教育が導入されたのか。次章以降にみることとする。

注

1）2008年学習指導要領改訂では、小学校に市民・道徳（instruction civique et moral）が設置されたことがあった。学習指導要領および当時作成された教科書をみるに、道徳教育が前面に押し出されていたものとはいえない。2008年版学習指導要領については、大津尚志「フランスの道徳教育」伊藤良高ほか編『道徳教育のフロンティア』晃洋書房、2014年、109-112頁、参照。中学校では市民教育（éducation civique）、高校では市民・法律・社会（éducation civique, juridique et sociale）という教科が同時期にはおかれていた。

2）渡邉雅子『「論理的思考」の社会的構築』岩波書店、2021年、187頁以下。

3）「学校教育時間外（学校が始まる前の早朝や昼の休憩時間、放課後の夕方以降など）において、学校教育との関連を重視しながら学校施設の内外で行われる教育的な諸活動」と定義される。岩橋恵子「学校周辺活動とアニマトゥール」科研費報告書（研究代表者、古沢常雄）『フランスの複雑化する教育病理現象の分析と実効性ある対策プログラムに関する調査研究』2007年、67頁。

4）*B.O.*, spécial no. 6 du 25-6-2015.（以下、2015年学習指導要領の出典は略す）。

5）フランスにおける先行研究として、Kéren Desmery, *Education à la liberté responsable?*, Jean-Marc Savary, 2020がある。道徳・市民科導入までの法律改正、学習指導要領制定までの動向などを論じているが、本章とはアプローチ視点を異にする。

6）細尾萌子『フランスでは学力をどう評価してきたか』ミネルヴァ書房、2017年、99頁。

7）Peillon, V., *La Révolution française n'est pas terminée*, Seuil, 2008, Peillon, V., *Jean Jaurès et la religion du socialism*, Grasset, 2000, Peillon, V., *Une religion pour la République: La foi laïque de Ferdinand Buisson*, Seuil, 2010.

8）Colin, T., *Sur la morale de Monsieur Peillon*, Salvator, 2013, p. 45.

9）大津尚志「フランス革命期の市民教育」『公民教育研究』第17号、2010年、1-15頁。

10）大津尚志「フランスにおけるフェリー退陣以降の道徳・市民教育（1885-1912）」『教育学研究論集』第13号、2018年、1-8頁。

11）Lettre à tous les personnels de l'éducation nationale, *B.O.* no.26 du 26-6-2012.

12）Bonneau, F., et al., *Refondons l'École de la République*, Rapport de la concertation, 2012, pp. 26-27.

13) "Qu'est-ce que la morale laïque ? Entretien avec Vincent Peillon", *Cités*, no.42, 2012, p.95.

14) Hoch, V., *Vincent Peillon, prophète d' une "religion laique"*, CERU, 2012, p. 8 .

15) Le parcours citoyen, *B.O.*, no.25 du 23- 6 -2016.

16) Peillon, V., *Refondons l'école*, Seuil, 2013.

17) Pour un enseignement laïque de la morale, 22 avril 2013. なお、レッフェルの著書としては、Loeffel, L., *La morale à l'école selon Ferdinand Buisson*, Editions Tallandier, 2013.

18) 降旗直子・橋本一雄・大津尚志「ペイヨン法の制定過程と条文内容の特徴」『フランス教育学会紀要』第26号、2014年、95-102頁。

19) Circulaire no. 2013-144, *B.O.*, no. 33, 12- 9 -2013.

20) Onze mesurs pour une grande mobilization de l'École pour les valeurs de la République.

21) *B.O.*, no. 25 du 23 juin 2016.

22) 邦語文献として、大津尚志「フランスにおける『共和国の価値・象徴』に関する教育」『教育制度学研究』第14号、2007年、85-88頁。

23) *B.O.*, no. 30 du 26 juillet 2018.

24) 邦語文献では、園山大祐「『表現の自由』をめぐって──フランス中学校教師殺人事件から考える──」『季刊教育法』第208号、2021年、54-59頁。

25) Assassinat de Samuel Paty, https://www.francetvinfo.fr/faits-divers/terrorisme/enseignant-decapite-dans-les-yvelines/assassinat-de-samuel-paty-l-enseignement-moral-et-civique-renforce-des-la-rentree-prochaine-annonce-jean-michel-blanquer_4164201.html（2023年 6 月25日最終確認）。

26) 欧州における議論について邦語文献としては以下を参照。今西幸蔵「キー・コンピテンシーとDeSeCo計画」『天理大学学報』第60巻第 1 号、2008年、79-107頁、本所恵「EUにおけるキー・コンピテンシーの策定とカリキュラム改革」『金沢大学人間社会学域学校教育学類紀要』第 7 号、2015年、23-32頁。

27) Inspection Générale de l'Education nationale, Les livrets de compétences, Rapport no. 2007-048, juin 2007, p. 16. 田﨑徳友・金井裕美子「『コンピテンシー』とフランスの教育課程」『中国四国教育学会　教育学研究紀要』第58巻第 1 号、2012年、280-290頁。

28) 定義にあたって細尾による議論を参照した。細尾、前掲書、97-125頁。

29) Council Recommendation of 22 May 2018 on key competences for lifelong learning, https://eur-lex.europa.eu/legal-content/EN/TXT/HTML/?uri=CELEX:32018H0604 (01) &from=EN（2023年 6 月16日最終確認）.

30) Socle commun de connaissances et de compétences, D. no. 2006-830 du 11- 7 -2006, *B.O.*, no. 29 du 20- 7 -2006.

31) ここでいう「能力」とは知識を様々な状況で活用する能力を指し、広範的な意味の能

力ではない。「態度」は真理探究心や創造性へとつながる。細尾、前掲書、97頁。

32）*B.O.*, hors-série, no. 3 , 19- 6 -2008, *B.O.*, spécial no. 6 , 28- 8 -2008.

33）V., Kahn, P., "«L'enseignement moral et civique»: vain projet ou ambition legitime ?" *Élément pour un débat Carrefours de l'éducation*, no. 39, 2015, pp. 185‒202.

34）Projet de programme d'enseignement moral et civique, Publication du CSP, 2014.

35）Projet de socle commun de connaissances, de compétences et de culture, 2015.

36）Socle commun de connaissances, de compétences et de culture, *B.O.*, no.17 du 23- 4 - 2015.

37）細尾、前掲書、14頁。

第4章　小学校における「道徳・市民」科

は じ め に

　本章以降では前章までの議論をうけて、それぞれの学校段階において実際にどのような「道徳・市民」科の教育が行われているかを中心にみていくこととする。

1　小学校の道徳・市民科教育課程

　小学校道徳・市民科学習指導要領の冒頭に示される[1]「一般原則」には、「この教育は共和国の価値原理を伝達し、共有させることを目的とする」とあり、あくまで共通の知識・コンピテンシーのもとに一つの文化（culture）への統合がいわれる。価値観の多様性はもちろん前提であるが、「互いの価値観を認め合う」という一つの文化への統合といえる。

　さらに、「道徳・市民教育は、不可分である、脱宗教的、民主的、社会的な共和国において共に生きるための態度を発展させようとする目的をもつ」とあり、自治の原理、規律の原理、自由の共存の原理、市民の共同体の原理という4つの原理を実施すべきとされている。

　道徳・市民教育の教養には4つの次元が示されている。それぞれは4つの領域に対応している。すなわち、自分と他者の関係をよりよくするための感受性の次元にある「感受性」、他者と共に生きるための規範的次元である「権利と規則」、自分であるいは他者とともに判断するという認知的次元にある「判断」、個人あるいは集団で行動するという実践的次元にある「かかわり」である。

　学習指導要領の「領域」は表4-1の通りである。既に触れた4つの領域が定められているが、うち「感受性」以外の3つはこれまでの「市民教育」の内容と大きくは変わらない。「感受性」にも旧来の市民教育を一部取り入れてい

38

る内容のところもある。第3学習期の「感受性」の「目標とする知識、能力、態度」は**表4−2**の通りである。

　学習指導要領上の「感受性」の目標としては、「他者をよりよく理解すること」とある。そのためにここで最もよく登場するのは、「共に生きる」ためのコンピテンシーであり、主として学級内のことを念頭に学習される。より具体的には、家庭環境や文化的背景を異にする級友と「共に生きる」ために、自分の言いたいことを表現する、情動を必要によっては抑える、自分を表現するための

表4−1　2015年版学習指導要領　小学校・中学校共通の「領域」

領域	教育の目標
感受性：自分と他者	1　情動と感情をはっきりさせて表現する。それらを調整しながら。 2　自己評価ができる、聴くことと感情移入（empathie）ができる。 3　集団の一員と感じることができる。
権利と規則：他者と共に生きるための原理	1　民主的社会において、規則と法律に従うことの理由を理解する。 2　フランス共和国、民主社会の価値の原理を理解する。
判断：自分で、また他者とともに考える	1　批判的に考える態度を発達させる。道徳的判断の妥当性の領域にも探索しながら。他者の判断にも直面しながら討論、論拠付けられた討議のなかにおいて。 2　特定の利益と公益の区別をする。
かかわり：個人で、あるいは集団で行動する	1　学校・施設のなかで参加し、責任をひきうける。 2　集団生活、環境に関する問題をひきうける。市民的、社会的、環境的意識を発達させる。

出所）*B. O.*, spécial, no. 6 , 25‐6‐2015.

表4−2　第3学習期（小学4、5年、コレージュ1年）学習指導要領「感受性：自分と他者」

目標とする知識、能力、態度

1／a　ある状況において様々な対象に関して（文学テクスト、芸術作品、現状を示す文書、学級生活における討議）、情動、感情を共有し、規制する。

1／b　表現のために適切な語彙を動員する。

2／a　他者を尊重し、違いを受け入れる。

2／b　言葉、態度のなかに、尊重を表明する。

3／a　共和国の象徴の意味を理解する。

3／b　協力する。

出所）同上。

語彙を習得する、友達の意見を聴く、友達とは違いがあることを前提に行動する、適切な態度をとる、友達とは協力する、といったことである。

　さらに、「教育の対象」および「実践例」が示されている。「教育の対象」の内容については、本章では具体的に教科書を見ることによって示す。実践例と示されていることには、以下の2つの特色がある。それは、演劇、ロールプレイ、哲学的討論[2)]、など子どもの主体的な学びがより要求される方法が挙げられていること、および、例えば理科の実験において「協力」、体育の時間に「身体の尊重」、音楽の時間に「ラ・マルセイエーズ」を学ぶといった他教科との結びつきが記されていることである。

2 　小学校道徳・市民科教科書

　ここでは、大手出版社の一つであるアティエ社の『みんな、市民』という教科書および教師用指導書を使用して検討する。フランスにおいて教科書は自由発行であり、法的に教科書使用義務はない。しかし、教科書は学習指導要領に依拠して作成されるので、大手出版社ごとの教科書の差異は小さい。さらに指導書も含めてみることにより、フランスの多くの学校でどのような道徳・市民科の授業内容があるかを知ることができ、さらにどのような教育方法がとられているかを見ることができると考える。

　いずれも学習指導要領が示す4つの領域「感受性」「権利と規則」「判断」「かかわり」と同じ4部に分けられている。ここからは、共に生きるための「感受性」としてどのようなことが教えられているかに注目する。教科書が示す学習方法は、教科書記述をもとに学級内で議論させたり、自分の生活と結びつけさせる（例えば、「自分はどういうときに怒りという情動を感じるか」を書かせるなど）ことが多い。小学4、5年生むけ教科書の「感受性」の部分の構成は表4‒3の通りである。次いで、いかなる知識およびコンピテンシーを教えているかを見る。

　なお、「権利と規則」「判断」「かかわり」に関しては、従来からの市民教育から大きくは変わらない内容である。教科名としては「道徳・市民」であるが、市民教育にかかわる内容としては「共和国の価値」「共和国の象徴」「EUの価値と象徴」「交通規則、標識」「みんなの安全」「フランスの制度」「国およびヨーロッパにおける市民性」「市町村における市民性」「共和国の価値、自由・平等・友愛」「民主主義の参加、地方のアクターと市民性」「投票」「選挙」「友愛」「交

表4-3　教科書『みんな、市民』の「感受性」の部分の構成

1．情動（émotions）と感情（sentiments）	7．暴力	12．協力する
2．コミュニケーションの規則	8．言葉と礼儀に関する配慮（soin）	13．他者の安全、他者への注意
3．尊重	9．身体への配慮	14．フランス共和国の価値
4．人に対する攻撃	10．環境への配慮	15．フランス共和国の象徴
5．他者を知る：寛容	11．人、集団への配慮	16．EUの価値と象徴
6．いじめ		

出所）*Tous Citoyen!*, *cycle 3*, Hatier, 2015, pp.10-43. なお、本書はコレージュ1年でも使用可能であるが、実際には小学校で使用されていると考えられる。

通と責任」といった項目がある。[3)]

▶ **（1）道徳・市民科教科書の教える「知識」**

　「知識」に関しては、道徳・市民教育に関する概念が登場する。例えば、「寛容」とは「他者をあるがままに、受け入れること。他者と自分との違いを尊重しながら」、「いじめ」とは「一人または複数により、他者に対して繰り返し行われる暴力である」、「差別」とは「ある人をほかの人より低位に扱うこと」とある。「身体の配慮」では「衛生」、「環境への配慮」では、「公共財」「地球温暖化」といった語句の定義が教えられ[4)]、自分への気遣い、自分の周囲の環境やより大きな範囲の環境に配慮するための前提となる知識について学ぶ。共和国の象徴（三色旗など）についても学ぶ。それは「集団の一員と感じる」というコンピテンシーともつながりうる。道徳・市民の時間に主として教師の提示によって教えられる知識は、学問的（scientifique）なものである。それらが、子どもが自分の行動を決定するための判断規準へつながると考えられる。

▶ **（2）道徳・市民科教科書の教える「コンピテンシー」**

　「コンピテンシー」については、感情の多様性を理解する、コミュニケーションのルールを身につける、他者を尊重する、人に対する攻撃を許さない、他者に寛容である、いじめや暴力を許さない、丁寧な言葉を使う、自分や他者の身体、安全、環境に配慮する、協力をする、といった内容が挙げられる。その内容は自分に関すること（自分の身体への配慮など）や、集団や社会にかかわること（環境への配慮、共和国やEUの価値、象徴）も含まれるが、「他の人とのかかわりに関すること」についての内容が圧倒的に多い。主として、他者と「共に生きる」

ためのコンピテンシーを教えているといってよい。

　コンピテンシーの教え方としては、①画像や文章をもとにある場面を設定する、そこで、どのような行動をとるべきかを考えさせる、②あるコンピテンシーを提示する。そのコンピテンシーを習得できているか、を考えさせるという方法がとられる。

　①としては、「情動と感情」に関して、「人によって感情は異なる」「感情に名前を付けることができる」というコンピテンシーを習得するために、「ムンクの『叫び』の絵を提示して、その感想をいう」ことが行われる。人によって受け取り方の違いを学ぶためでもある。次いで、感情（例えば「怒り」）を表現する方法を議論する。暴力などの極端な態度に出てはいけないことが教えられる。他者との「共に生きる」ための関係を作るためのコンピテンシーである。

　「他者を知る：寛容」であれば、他者との違い（例えば、皮膚の色の違い）、選択（例えば、意見の違い）を受け入れるというコンピテンシーが教えられる。「あなたは、他者の好みをバカにしたことがありますか？」という発問がされ、自分の行動を振り返るという学習が行われる。一方で、他者に対する寛容は無制限ではないことも指摘される。

　②としては、「コミュニケーションのルール」のうちの「聞く」であれば、そのさらに具体的内容として、「話している人のいうことを聴く」「関心を示す」「話をさえぎらない」「より理解するために質問をする」「理解したことを明確に表明する」ということが示される。次いで、「あなたは、自分が話をしているときにこのような規則を尊重していますか？」という問いが出される。「あなたは、どうですか？」と自分の行動にあてはめさせて考えさせることがよく行われる。「規則が尊重されなければ、どうなりますか？」「他にどのような規則がありえますか？」といった質問もされる。規則の意義や自分で規則を作る、ということにも触れられる。

　道徳・市民の時間にコンピテンシーについて学ぶ、すなわち知識などを基にして具体的場面に関してどのような行動をとるか、について考えることが学習である。小学生のあいだには自分と他者には違いがあることを前提に、他者との関係を良好に結びつける力が求められる。それがさらに積み重なり続けることによって、よりよい行動がとれる豊かな人生を送ることにつながるという教養・文化の習得になるとされる。

3　フランスの道徳教育の特徴

　「道徳・市民」科は小学校、中学校、高校ともに設置されている。そのうち道徳教育の要素が最も強いのは小学校である。それゆえ、道徳教育の特徴についてまとめておくこととする。

　フランスの道徳教育の特色として第一には、伝達すべき価値の明確化が行われていることである。それは「共和国の価値」および「共に生きる」という価値から派生する。そのような価値観を身につけた「自由で責任ある市民」（教育法典L.121-4-1）になることが求められている。万人が受け入れる「普遍的価値」であり、学校で教えることは問題視されない。[6]「共和国の価値」のなかには「思想・信条の自由」「意見の多様性の尊重」も含まれる。既に述べた例でもあるように、「ムンクの絵」に対しても様々な受け取り方があることが教室で示されるなど、「価値観の多様性が存在する」こと自体を教えることもあっても、そのような時間は各人がもつ価値観の優劣を議論する場とはならない。宗教的多様性が存在することからも、互いに価値観が違うことは所与の前提であり、互いの良心の自由には介入しない。現在のフランスの道徳教育は「自由」から派生する「寛容」、「平等」から派生する「差別の禁止」などについての説明をすることはある。それは、客観性をもった説明ができると考えられる。

　自分で考えて自律できる「自由で責任ある市民」になることとは、「批判的な精神をもっている」「自分の倫理観をもっている」[7]ことと説明されることがある。その初期段階として小学校の道徳・市民科があり、あくまで共和国の価値や「共に生きる」ための価値が前提であるが、さらに自分の考えをもって自分の人生を生きることが目指される。それは「価値観の多様性」が保障されていることである。

　「自由で責任ある市民」となるために前提とされることとして、勤勉に学び、自分および他者や学校環境を尊重したうえで学校や学級の活動に積極的に参加することが挙げられる。フランスの学校において「勤勉の義務」を履行すること（教育法典L.131-6）が法律上定められている。フランスの通知表には自由記述による評価欄があるが、筆者の調査によるかぎり、例えば「Aさんは自律して、好奇心が強く、適切に発言していました」など、勤勉な学習態度と自律にかかわる内容が記述される。[8]多くの場合、児童が全体として積極性や自律性な

どを習得できたかを記述評価している。

　第二には、習得すべき知識とコンピテンシーが明確化していることである。道徳・市民教育において習得すべき知識とは、キーワードなどの語彙（その定義）、他教科で学んだ知識との結びつき、などが挙げられる。教えられる知識とは科学的なものであり、学校で教えることに問題はない。知識を教える教育と道徳教育がいわば一体化している。登場人物の心情に注目する心情主義的なものではない。道徳の時間に学んだことや他の知識や技能などを動員させて、ある具体的状況のもとに行動にうつす「コンピテンシー」が明確化される。そこでいうコンピテンシーは、「共和国の価値」「共に生きる」という価値の実現のためのものである。知識およびコンピテンシーの習得を重ねていくことが教養へとつながり、多様な価値観を互いに尊重しあう共和国のなかで、よりよい人生を送るための力につながると考えられている。

　日本において、道徳教育が「価値観の統制」にならないか、という批判がある[9]。心情主義的な道徳教育は、「価値観の統制」に近づく可能性がある。これまで見てきたように、フランスの道徳教育は知識とコンピテンシーに重点をおき、教科として科学的（scientifique）な、客観的な内容とするものといえる。さらに、「価値観の多様性を尊重しあう」ことを含めた共和国の価値という共通の価値と、それを前提にしたうえでの「共に生きる」ためのコンピテンシーを教えるフランスの道徳教育は、家庭環境や文化的背景を異にする者の共存がさらに問題となる日本の今後に示唆を与えてくれるように、考えられる。

　2015年版学習指導要領は2018年に修正が加えられたが、「感受性」ほかの4つの領域などペイヨンらに打ち出された方向性は基本的に続いている。教育方法としては、児童・生徒主導から教師主導へと若干回帰した[10]。2018年版が公開された以降も、2015年版をもとにした教科書は使用されつづけており（フランスには教科書検定も教科書使用義務も存在しない[11]）、小学校で大きく変わりはない道徳・市民科が続いていると考えられる。

注

1）*B.O.*, spécial no. 6 du 25-6-2015なお、小学校道徳教育の先行研究としては、大津尚志・松井真之介・橋本一雄・降旗直子ほか「フランスにおける小学校2015年版『道徳・市民』科学習指導要領」『学校教育センター年報』（武庫川女子大学）第4号、2019年、74-81頁、大津尚志「道徳の教科化」『フランス教育学会紀要』第30号、2018年、89-96頁、

鈴木篤・杉原薫・山口裕毅「フランスの初等・前期中等教育段階における道徳・市民教育に関する研究ノート」『大分大学教育学部附属教育実践総合センター紀要』第37号、2020年、97-109頁、大津尚志「フランスの道徳・市民教育における価値・知識・コンピテンシー」『人間と教育』第107巻、2020年、100-105頁、大津尚志「フランスの道徳教育」伊藤良高ほか編『改訂版 道徳教育のフロンティア』晃洋書房、2019年、pp. 109-113、などがある。

2）参照、吉野敦・杉山大幹「フランスにおける『子ども哲学』と哲学教育論争」『フランス教育学会紀要』第31号、2019年、37-50頁。

3）*Tous Citoyen !, cycle 3*, Hatier, 2015.

4）Ibid., p.20, 22, 19, 29, 31.

5）Ibid., pp.12-13, 20-21, 14, および教師用指導書（Enseigenement moral et civique, cycle 3, Hatier, 2015, pp.20-21, 32-34, 22-25）をもとに記述した。

6）Françoise Martinetti, *Valeurs de la République*, CANOPE, 2015.

7）*B.O.*, spécial no. 1 du 22-1-2019.

8）筆者が2019年3月、2020年3月でパリ市内の公立小学校で行った調査（約80名分を参照した）による（仮名にしたのは筆者による）。

9）例えば、佐貫浩『道徳性の教育をどう進めるか』新日本出版、2015年。

10）*B.O.*, no.30 du 26-7-2018. 翻訳・解題として、大津尚志「フランスにおける2018年版『道徳・市民』科学習指導要領」『教育学研究論集』（武庫川女子大学）第16号、2021年、67-71頁。

11）フランスの教科書制度について、藤井穂高・池田賢市『フランスの教科書制度』諸外国の教科書に関する調査研究委員会、2007年、大津尚志「教科書——作成・採択・費用負担について——」『フランス教育学会紀要』第27号、2015年、131-132頁。

第5章　中学校における「道徳・市民」科

は じ め に

　前章でも述べたように、小学校と中学校の2015年版学習指導要領[1]は、その領域やコンピテンシーについて共通のものがあげられている。「感受性」「権利と規則」「判断力」「かかわり」[2]の4種である。その枠組みは2018年版学習指導要領[3]になっても大きく変わってはいないところも共通である。具体的には中学校でどのような内容の教育が行われているのであろうか[4]。

1　中学校の道徳・市民科教科書

　ここでは、2015年版学習指導要領に準拠して作成された第2〜4学年用のアシェット社の教科書[5]を中心にみていく。なお、同学習指導要領は2018年に改訂[6]が行われているが、小学校と同様に抜本的な改訂ではなく同様の方向が今日に至るまで続いていると考える。

　その構成は、表5-1の通りである。8つのテーマごとに、学習指導要領の定める4観点から学ぶこととなる。

　中学校においては、1985年以降には市民（éducation civique）科が週1時間程度行われていた。それが、2015年からは「道徳・市民」科となった。「感受性」「権利と規則」「判断力」「かかわり」の4つの領域のうち、そのうち後者3つに関しては従前の市民教育科においても重要視されていたものといえる。他者とともに生きるための「感受性」が入ったことが変更点とはいえる。しかし、中学校においては小学校ほど「感受性」は重要視されず、依然として日本でいう社会科教育（公民的分野）の内容と重なることが多くを占める。しかし、そこで教えられる「人権の尊重」「平等」「自由」などの価値は道徳教育的な意味合い（「他者を尊重する」「差別の拒否」「私生活の自由はお互いに尊重する」）と結びつけて

表5-1　アシェット社の教科書目次

		テーマ
1		"共に生きる" ことについて
	感	中学校での他者の尊重／いじめの対象となる生徒／マララさんの教育のための闘い
	権	中学生の権利と義務／いじめに対処する／子どもの権利条約
	判	ライシテ憲章はなぜなければならないのか
	か	中学校で暴力を防ぐことはできるのか／世界において女性は男性とおなじ権利を持っているのか
2		平等と不平等
	感	男女平等にむかって／差別、違いの拒否／あらゆる違いを受け入れる
	権	平等、共和派の原理／差別と法律／法律によって禁止される差別
	判	様々な差別とは／不平等をへらすことはできるのか／差別とたたかうことはできるのか
	か	私は平等のために戦った偉大な人物を示します／中学校における差別について調査します／私は反差別のポスターコンクールに参加します
3		メディア
	感	表現の自由の侵害／若者の日常生活におけるWEB／意見に対するメディアの力
	権	法律が保障する自由／インターネットを使用する規則／メディアと民主主義
	判	なぜメディアは風刺画をつかうのか／中学生の生活のなかで新しいメディアはどのような位置を占めるか
	か	私は学級新聞を作る／私はソーシャルネットワークの団体への加入を組織する／私は中学校におけるSNS使用に関する調査を行う
4		民主主義の原理と価値
	感	自由は芸術家を触発する／フランスの学校におけるライシテ／シモーヌ・ヴェイユ、民主主義のための女性の行程
	権	フランスにおける奴隷制の廃止／学校と国家はライックになった／第5共和政の制度
	判	ライシテはどのように表すことができるか？／青年は大人と同じ権利をもつといえるか？／女性は政治的に男性と同じ地位にあるか？
	か	私は自由に関する張り紙を作れる／12月9日の計画を実現する／私は女性の権利の運動をした人物の戦いについて紹介する
5		権利と司法
	感	住居の不平等／歴史における司法の進化／司法のアクター
	権	住居に関する法律をつくる／司法の原理／司法の機能
	判	民主主義において法律は何のため／少年司法はどうなっているか／刑務所にいれることに賛成、反対？
	か	私は学級できまりを提案し、投票する／私は司法の現実から記事を書く／私は学級で模擬裁判を行う

6	市民性	
	感	中学校における市民としての行動／フランス市民になること／ヨーロッパ市民で共有される価値と象徴
	権	中学校における選挙／市民の権利と義務／共通の制度
	判	学校において市民としてどのように行動するか／ヨーロッパ市民をどのように定義するか／世俗国家は各宗教の為に祝日をもたなければならないか
	か	私は市民週間の枠内で行動を組織する／私は市民の計画を実現する／私はヨーロッパの他の国のクラスと連絡をとる
7	安全と防衛	
	感	テロリズム、安全への脅威／国とその軍隊を結びつける／マリにおけるフランスの行動
	権	財産と人の安全を保障する／未成年者の防衛義務／フランスの行動と国際協調
	判	道路における安全とは／市民サービスとは何のため／フランスが世界平和のためにかかわることは重要なのか
	か	私は安全の専門家にインタビューする／私は自分の市民行程を評価する／私は防衛の仕事をみつける
8	自分、他者を気遣う	
	感	依存に直面する思春期／市民としての行動／自然災害の結果
	権	処罰と保護のための法律／結社の自由／大きな危険を避ける
	判	なぜ、どのように自分を役立たせるのか／ネットに支配されることはありうるか／大きな危険を避けることはできるか
	か	私は思春期の専門家にインタビューします／私は学級とともに小さな結社をつくる／私は大きな危険に備える

注)　感：感受性：私は状況を感受できる。　　　　権：権利と規則：私は規則を理解する。
　　判：判断力：私は学級で考える、私は議論する。　か：かかわり：私は行動に移す。

教えられている。

　「1　"共に生きる"ことについて」では「他者の尊重」すなわち、自分と異なる他者を尊重しなければならないことが様々な観点から取り上げられる。フランスの道徳・市民教育の根本ともいえる観念である。価値観の多様性が認められるのは当然であるが、自分と異なる価値観の持ち主とも「共に生きる」ことができないといけないことは自明とされる。

　それで、性差別、人種差別、偏見、非礼（incivilité）、いじめ（harcèlement）[7]、外国人嫌いなどの語句説明もなされている。子どもの権利条約（第3条 子ども最善の利益、第7条、第12条、第19条、第28条、第31条、第32条）、やライシテ憲章（ライシテに関する憲法や法律などの条文をあつめたもの）[8]や、マララさん（パキスタン生ま

れ、教育の男女平等を主張して2014年に17歳でノーベル平和賞を受賞した）に関する情報
（演説など）、男女平等に関するデータ（パキスタン女性の３分の２は文字が読めない）、
ポスターなどが示される。

　資料（写真、新聞記事、雑誌記事、データ、法律などの条文、年表、風刺画など）をも
とに、問いが出されて文章で答える、というトレーニングが何度も行われる。
　「４　民主主義の原理と価値」という単元でのライシテに関する内容に注目⁹⁾
してみる。そこでは、ライシテに関する知識（アルザス・モゼルにおけるライシテ、¹⁰⁾
ライシテの定義など）について提示され、2004年スカーフ禁止法や1905年政教分
離法、ライシテ憲章という規則が教えられ、ライシテをどう表すかを自分で判
断することが登場し、さらにライシテの日（12月９日）でいかなる行動をとるか、
ということが取り上げられている。「感受性」は状況を読みとる力、権利と規
則は、ルールを知ること、判断は自分で他者とともによく考えること、かかわ
りは、なんらかのコミットを実際にすること、が求められる。

2 2015年以降の中学校の道徳・市民科教育に関する特徴

　中学校における2015年以降の「道徳・市民」科の特徴について以下に述べる。

▶（１）感受性

　2015年の改訂で道徳教育にあたる分野として、感受性（sensibilité）という項
目が新たに立てられた。それは、「共に生きる」ための感受性である。小学校
では例えば、言いたいことを言葉にしていうこと、暴力に訴えるのではなく発
言する能力を高めること、あるいは聞く能力を高めること、ある芸術作品をみ
て意見を話しあうことを通して、意見の多様性の存在を学ぶなどがある。
　それでは、中学校ではいかなる感受性が教えられているのか。それは、エン
パシー（共感能力）が問題となることが多い。教科書でも「状況に敏感（sensible）
になることができる」と書かれていることがある。すなわち、状況をより深く
読み取る力が求められる。それは、歴史や地理などの教科で求められるデータ
を読み取る能力と共通する。Brevet（前期中等教育終了試験）参考書に出ている¹¹⁾
出題例を一つ挙げると、「写真からどれだけのことを読み取る能力があるか」
が尋ねられている。以下の解答例にもあるように「認識能力」がどの程度ある
かが重要視される。

【資料】困窮している人に共感能力（empathie）を示すことができる。

資料をみて

a) ポスターをみて。どのような状況が告発されているのか。

b) このタイトルにある「共感能力」の語句をあなたはどのように理解するか。

（解答例）

a) 宿がない人の数の増加は排除の敵意にみちた表明である。排除とは社会離脱の過程であり、それによって人は集団から拒否され、働くことに参加できなくなる。排除の根源は様々であるが、失業、離婚、配偶者の死亡などがある。

b) 共感能力とは、感情をうけとるために他者の立場に自分をおくことができる能力である。それゆえ、共感能力は我々が他者をより理解することを助けてくれる。

　「宿がない人」に対して「他者の立場にたつ」ことを求めている。しかしそれは、「かわいそう」とか「同情」とかいう気持ちを求めているのではない。あくまで認識を求めているのであり、背後にどのような問題があるのか、ということも含めて文章化することも求められている。

▶ （2）行動との結びつきの強調

　道徳・市民教育の４領域のうち、他の３つの「権利と規則」「判断」「かかわり」は学習指導要領改訂以前の市民教育の内容と重なるところが多い[12]。「権利と規則」は、権利保障に関する様々な規則（憲法、国際条約、法律、省令から学校の校則や決まりにまで及ぶ）とそれに基づく権利保障についての学習である。権利・

規則に関する知識の習得に終始するのではなく、「判断」「かかわり」の領域において、生徒一人ひとりが自分で判断し、かかわる（参加する）ということと関係する。

判断に関しては、「なぜライシテ憲章は必要なのか？」「不平等を減じることはできるのか？」などといった問いに自分で考えることが求められている。討論（débat）の仕方についての説明もあるうえ、「青少年は大人と同一の権利を持たなければならないのか？」「女性は男性と政治上の権利において同等なのか」といった討論の題目も掲載されている。「はい、いいえ」のいずれで答えるにせよ、「なぜならば」を自分で考えることが求められる。

かかわり（参加）に関しては、中学校や社会全体へのかかわりに関することとして、「ポスターを作る」「調査をする」「スライドショーでプレゼンテーションする」「学校新聞、クラス新聞を作る」「学級の決まりを提案する、投票する」「事件の報道を新聞、インターネット、テレビで比較する」「市民週間の枠内で行動を組織する」「県内で大きな災害に備える」といったことが教科書に挙げられている。すなわち、学習したことをもとに、「自分の判断」を行い、行動に移すことまでを含んだ学習である。

コンピテンシー重視、具体的文脈に即して問題解決することを重視するという傾向をみることができる。

▶ （3）中学校生活との結びつき

道徳・市民教育に関して、行動との結びつきを考えやすくするためにも、中学生にとって直接関係するトピックが取り上げられている。中学校、教育をうける権利、子どもの権利条約、校則、学校での生徒参加・生徒代表、いじめ、少年司法といったことがテーマとして登場する。

中学校に関しては、「中学校において他者を尊重する」「中学校における権利と義務」「中学校での差別について考える、アンケートする」「中学校での非礼なふるまいをなくす役割を果たす」などと、道徳・市民で学習したことが実生活においても貫徹されることが求められている。

「中学校における選挙」では、クラス代表の選挙について投票の規則、選挙公約、代表の育成といった内容である。[13] クラス代表の選挙は大統領選挙とおなじく、第1回投票の後、上位2名による決選投票（絶対多数が第1回でとられないかぎり）という形式である。中学校での選挙についての学びが、将来有権者と

して共和国の選挙においても有益であると考えられている。

「中学校における市民的行動」としては、中学校生活評議会（Conseiller pour la vie collègienne, CVC）が取り上げられてもいる。中学校における生徒参加としては学級評議会、学校管理評議会がすでに存在していたが、さらに学校生活全体にかかわる問題を生徒がより直接的に議論する場が設置された。それは既に存在している高校生活評議会になぞらえたところがある。既にある学級評議会、学校管理評議会などとともに大きな役割を果たすと考えられる。

中学校生活評議会で取り上げられうることとしては、「社会的教育的ホワイエの改革」「あらゆる排除をなくす」「文化週間、フェスティバルの夕べの活性化、組織化」「中学校新聞やラジオ、ビデオを作る」「学業を助ける、新入生への案内」「水飲み場の設置、コーヒー飲み場の設置」「教育、進路指導にかかわること」「持続可能な発展計画、人の交流」「健康と市民性のための協議会の枠内での、AIDS、薬物、健康問題にかかわる予防と周知」「『よりよく共に生きる』ために暴力の廃絶行動」「学校に関する情報の交換」[14]が挙げられる。

▶ （4）道徳・市民教育の評価

これまで、中学校における市民教育の評価は「歴史、地理、市民」のカテゴリーで行われていた。市民教育の評価は他の歴史・地理と同じ社会科系教科の評価であった。それが「歴史、地理、道徳・市民」のカテゴリーへと変わった。前期中等教育終了試験（DNB）の問題では、「道徳・市民教育にかかわるコンピテンシーを動員させなさい」とある。コンピテンシーが強調されているのは、歴史・地理とは異なるところである。テストではある場面が設定する資料が提示されて、それから何を読み取り、どう問題を解決させるか、という出題がなされる。例えば、2021年の出題は以下の通りである。

【資料1】日常の公的政治[15]

子ども町議会は町議会によって1993年に創設された。町長の管轄の部局の助けをうけて実現できるだろうアイディアや計画を提案することによって、町議会を助けるために、町の地区を分ける小学校が子ども町議会に参加するために選ばれる。小学5年生の子どもがこの議会に参加する。毎年、すべての町の代表である子ども代議士が選出される。

社会活動の町の機関は不安定な状況あるいは社会的に大きな困難にいるのを救済するため、給付を提案する。状況に応じて公職は相談をうけ、権利を即座に守るために関係

あるいは直接かかわる部局へ行くよう指示する。年をとった人にとって、それは住居の確保のためであるとともに、自分たちが推進するように組織する余暇活動のためである。不安定な状況にある人には、社会保障にかかわるRSA（生活保護）への申請について知らせた。

【資料2】共和国憲法　抜粋

　フランスは不可分、脱宗教的、民主的、社会的共和国である。フランスは出自、人種、宗教による差別なしに、法律の下にあらゆる信条の平等をすべての市民に保障する。

問い【資料1】

　　1　子ども町議会の創設の目的は何か？

　　2　社会活動の町の機関はどのような行動をとっているか。

問い【資料1、2】

　　3　社会活動の町の機関の任務はいかなる共和国の価値と原理を実行しようとしているのか。根拠づけて答えなさい。

　　4　あなたが町の若者町議員会のメンバーです。共和国の価値あるいは原理を選択して、町の日常の生活のなかで、どのような行動が可能となるか、示しなさい。

　解答するにあたって、共和国の価値についての知識の理解は前提となる。科学的な知識などを具体的文脈にどのように適用するかというコンピテンシーが問われている。なお、道徳的な面を含めての評価であるが、個人の思想・信条の多様性との両立は問題ないと考えられる。

おわりに

　共和国の価値の一つとして「法律の尊重、遵守」がある。法律は一般意思の表明であり、2004年法（スカーフ禁止法）は絶対視されている。「宗教を侮辱する表現の自由」は今のところ禁止されていないこともあり、風刺画をかく自由が否定的に考えられることはない。前述したように、その後2021年の共和国原理尊重強化法に至るまで、共和国の価値の支配下にはいるべき、という立法が続いている。それは、イスラームに対する攻撃ではないかと解することも可能といえるかもしれない[16]。

　中学校の市民教育も「道徳・市民」と名称を改めた。4つの次元が示され、うち「感受性」は新たにはいったものであるが、小学校と違いコレージュにおいてはさほど重要視されてはいない。「状況に感受性をもってみることができ

る」ことが求められるようになったが、これまでのフランスの市民教育で重要
視されてきたことであり、大きく変えるものではない。ただし、教える内容は
コンピテンシー中心に再編されているところがあるといえる。

　評価方法としても、コンピテンシーすなわちある文脈が設定されていて、そ
こでの問題解決について知識などを動員して行うことが、DNBにおいても求
められている。フランスでは道徳教育の評価と価値観の多様性の保障との両立
が議論されることはないといってよい。「共和国の価値」を学ぶことが前提で
あり、それをもとにどのような文章をかくか、ということが評価されている。
前期中等教育終了試験においては社会科教育の一分野である傾向が強かった従
前に比べて、コンピテンシーの習得を評価することを重視する傾向がある。例
えば、「中学校に入学予定の生徒に、校則のよいところ、よく知っておくこと
の重要性を説明しなさい」[17]「あなたは自分の住んでいる市町村の若者議会のメ
ンバーになろうと決意しました。自分の動機を示すスピーチを書き、あなたが
関心をもつ市民活動についての提案を述べなさい」という出題がなされる。

注

1 ）フランスの中学校改革に関する邦語文献として、豊田透「フランスにおける教育改革」
　　『レファレンス』第67巻第 9 号、2017年、 9 -28頁。

2 ）*B.O.*, spécial no. 6 du 25 juin 2015.

3 ）*B.O.*, no. 30 du 26- 7 -2018. 翻訳・解題として、大津尚志「フランス　コレージュの学
　　習指導要領における『人間性』に関する記述」『学校における教育課程編成の実証的研
　　究報告書 2 　諸外国における人間性の涵養』国立教育政策研究所、令和 2 年度プロジェ
　　クト報告書、研究代表者　鈴木敏之、2021年、143-152頁。

4 ）先行研究としては、京免徹雄「フランスにおける市民性教育としてのキャリア教育の
　　特徴」『フランス教育学会紀要』第32号、2020年、41-54頁、鈴木篤・杉原薫・山口裕毅
　　「フランスの初等・前期中等教育段階における道徳・市民教育に関する研究ノート」『大
　　分大学教育学部附属教育実践総合センター紀要』第37号、2020年、97-109頁、川上若奈
　　「フランスの道徳・公民科における道徳的分野を取り扱う教材の指導方法の特質」『道徳
　　教育方法研究』第27号、2022年、 1 -10頁。

5 ）*Enseignement moral et civique, cycle 4* , Hachette, 2015,

6 ）*B.O.*, no.30 du 26- 7 -2018. 翻訳・解題としては、大津、前掲論文、143-152頁。

7 ）フランスにおけるいじめについて、大津尚志「いじめ法」『フランス教育学会紀要』
　　第34号、2022年、189-192頁。

8 ）大津尚志「フランスの市民教育」長瀬拓也ほか編『ここから始める「憲法学習」の授

業』ミネルヴァ書房、2019年、28-29頁、参照。

9）*Enseignement moral et civique, cycle 4*, op, cit. pp. 76-97.

10）アルザス・モゼルは1905年政教分離法が適用されない。邦語文献として、白尾安紗美「アルザス＝モゼルの宗教教育とライシテ」『年報　地域文化研究』第24号、2021年、55-75頁。

11）Annales Brevet 2017, *Français, Histoire et Géographie, Enseignement Moral et Civique,* Hachette, 2016, pp. 109-111. なお、この写真はHachette社教科書（前掲5）の46頁にも掲載されている。

12）1995年学習指導要領以来、同様の動向が続いているといえるところがある。1995年学習指導要領に基づく教科書については、大津尚志「フランスのコレージュにおける公民教科書分析」『公民教育研究』第10号、2003年、67-77頁。

13）*Enseignement moral et civique, cycle 4*, op. cit., pp. 126-127.

14）Ibid., p. 121.

15）なお、フランスにおいて「子ども議会」や「若者議会」は実際に設置されている自治体がある。詳しくは、大津尚志「子ども・若者議会」『フランス教育学会紀要』第32号、2020年、105-108頁。

16）池田賢市は早くから、フランスの動向が「フランス中心の普遍主義」、イスラームにとって「抑圧的性質」を持ちかねないことを指摘している。池田賢市「フランス　統合原理としてのフランス『シティズンシップ教育』」科研費報告書、研究代表者　嶺井明子『価値多元化社会におけるシチズンシップ教育の構築に関する国際的比較研究』2008年、173-178頁。なお、同「フランス――理想的市民像のもつ排他性――」嶺井明子編『世界のシティズンシップ教育』東信堂、2007年、159-170頁。

17）大津尚志『校則を考える』晃洋書房、2021年、98-99頁。

第6章　高校における「道徳・市民」科

はじめに

　フランスの高校では社会科系教科として、歴史・地理の学習はずっと以前から行われている。一方で、公民科系教科に関しては、普通高校では全員必修となるのは「哲学」のみであり、他に「社会・経済科学」が設置されていた。ところが、1999年になって「市民・法律・社会（Education civique, juridique et sociale, ECJS）」という普通・技術・職業高校で必修の教科が設置された[1]。それは、通常クラスを半分に分けて行い、あるテーマを設定して調べ学習をして発表・討論を行うなど、他の教科とは異なる位置づけをされている教科である。歴史・地理以外の教員も担当できるなど、日本の「総合的な学習の時間」に近いものであった。2013年にペイヨン法の制定をうけて2015年からは、従前の「市民・法律・社会」にかわって「道徳・市民」の時間がおかれるようになった[2]。配当は年15時間であり、隔週通年あるいは毎週半期に開講されることが多い。

　その内容は、自由・平等などの「共和国の価値」について扱う。しかし、教科名に「道徳」がはいったとはいえ、道徳教育に大きく傾斜した内容となったわけではない。フランスにおいては道徳教育と市民教育が同一にカテゴライズされてきた。その内容に関しては資料の読み取り、位置づけ、再構成などに重点をおく「歴史・地理」科と共通しているところがある[3]。

　本章ではフランスの高校（普通・技術および職業）における「道徳・市民」科について取り上げるが、高校学習指導要領および教科書を詳細に分析対象することによって、具体的な教育内容および教育方法を明らかにする。

1　普通・技術高校の道徳・市民科学習指導要領

　普通・技術高校むけの学習指導要領は、2015年にまず制定された。そこでは、

まずは、**表6-1**のテーマが定められた。次いで、2019年に**表6-2**のように改められた。

　2019年に大きく変わったわけではないが、年間を通したテーマは定められた。ただし、学校ではその通りに実践されているとは限らない。事実上、比較的自由に解釈されている。⁴⁾教員（歴史・地理科の教員が担当することが多いが他教科もありうる）の裁量により、学習指導要領にとらわれずに自由にテーマ設定が行われている。しかし、教科書に関しては、学習指導要領に準拠して作られていることは、後で述べる通り明らかである。1999年の時点の学習指導要領でこの教科はクラスを半分に分けて行うことが書かれていたが、それは以後もひきつがれて実行されているところがある。発表・討論をする場合の人数を考えてである。

　2019年道徳・市民学習指導要領前文はペイヨン法の文言をうけているが、道徳・市民教育は「責任ある自由な市民」を育てることが目標であり、より具体的には、権利と義務を自覚していること、批判的な精神を育て、倫理的な行動を自分のものとすること、市民性を行使し、個人および集団の責任に敏感となること、と述べている。

　フランスにおいて、共和国の価値という「共通の価値」のもと、価値観の多様性が認められることは言うまでもない。意見を異にする「他者と共に生きる」ための能力を身につけることが問題となる。そのうえ、自分の行動規範を身に

表6-1　2015年普通・技術高校「道徳・市民」テーマ

	テーマ
1年	① 個人と法治国家　② 平等と差別
2年	① フランスとEUにおける市民性の行使　② 情報社会における道徳、市民性
3年	① 信条の多元主義とライシテ　② 生命倫理と社会、環境

出所）*B.O.*, spécial no. 6 du 25-6-2015.

表6-2　2019年普通・技術高校「道徳」市民テーマ

	年間テーマ	軸となるテーマ
1年	自由	① 自由のための諸自由　② 諸自由の保障、諸自由の拡張、議論となる諸自由
2年	社会	① 社会的結びつきの基礎と弱さ　② 社会的結びつきの再構成
3年	民主主義	① 民主主義の基礎と経験　② 民主主義を再考し、生きる

出所）*B.O.*, spécial no. 1 du 22-1-2019.

つけることが求められている。それが、生徒の市民としての良心を形成することにつながるとされる。

　教育方法としては、探究（études）、発表（exposés）、論拠づけられた討議あるいはルールを定めた討論（discussions argumentées ou débats réglés）を組み合わせることが学習指導要領上書かれている。すなわち、① 自分であるいはグループでまずテーマをたてて、② テーマについて教科書や参考資料を調べて資料作成、③ 発表、討議・討論（質疑応答）、④ 総括、という段取りとなる。「討議」は、多数の人が意見を交わして同じ意見へとまとまることもありうることであり、「討論」は、自分の見方、主張を突き合せて、話すものは聴衆を説得しようとするものである。その両者の区別は必ずしも明確ではないが、いずれも「よく考えること（réflexion）」につながる。共和国の価値に関する理解を深め、自分で判断する能力が求められる。判断の材料としては、複数の情報源（書かれたテクスト、地図、画像、絵画、演劇や振付のシーン、音楽、歌など）を基にしてよく考えることが要求される。

　ここでは、3年生におかれている「民主主義」について、学習指導要領はどう定められているか、詳しくみておく。民主主義を標榜する共和国について、義務教育の最高学年で到達点のような位置づけにあると考えることができよう（表6-3）。

　その内容を整理すると、民主主義について、① 歴史的な展開、思想的背景、② 基本概念の整理について、③ 現代的な問題を取り上げる、④ 未来を考える、とまとめることができる。民主主義に関して、過去の歴史（ギリシア・ローマにはじまる）から、現在および未来（デジタル時代など、不確実な時代）に至るまでを含めて取り上げている。

　それで、民主主義が成り立つ前提として、フランス共和国の主権者の一人として個々人が身につけるべきコンピテンシーが「習得すべき能力」として列挙されているといえる。すなわち、自己の意見を形成し判断する際に、情報を収集できること、その情報をうのみにするのではなく、物事を多面的にとらえることを知ること、それを人に伝えることができること、といった歴史・地理科でも重要視されるコンピテンシーおよび、発表・討論にかかわるコンピテンシーの習得とまとめられる。

　各自が自律した個人として、自己の意見を形成する能力を身につけること、他者と意見が違うことがあるのは当然であるから、そのなかで他者とともに社

58

表6-3　普通・技術高校3年生「道徳・市民」学習指導要領が定める内容

（1）民主主義の基礎と経験 　問題提起：民主主義の原理と条件とは？ 原理と条件とは、以下のうち少なくとも2つの領域について探究することによって計画される。 －民主主義の歴史的起源：古代のモデル（民主主義とRes Publica（共和国）、共和国と議会君主制） －人民主権：投票権、権力分立、自由の保障、法治国家 －民主主義と選挙：参加、棄権と白票。選挙運動と市民が得る情報、政党 －ライシテ：国家と社会における宗教がもつ権力の減退、市民の自律と自由の共存。信仰あるいは信仰しないことの自由の保障 －政治体制の変遷：民主的推移、権威主義、全体主義による転覆、自由民主主義の問題 －民主主義の保護：国の安全と防衛、テロとの戦い、国家緊急権と例外的法制、サイバーセキュリティ －ヨーロッパ民主主義の構築、原理と政治制度、司法制度。法を創出する空間としてのヨーロッパ。ヨーロッパ市民性。	**獲得すべき、動員すべき観念** 共和国と議会君主制／権威主義・全体主義／人民主権、法治国家、権力分立／議会の代表制と執行権／ライシテ **考えられる教育の内容** アテネの民主主義、ローマの共和国、議会君主制のヨーロッパにおける例／政治思想家（アリストテレス、ルソー、トクヴィル、アレント……）／寛容、宗教の自由、ライシテ －投票の規則とならわし／投票行動、調査とメディア／アメリカとヨーロッパの民主主義／南・東ヨーロッパ、南アフリカ、ラテンアメリカでの民主主義の変化
（2）民主主義を再考し、生きる 　問題提起：不確実な世界において民主主義の未来はどのように構築されるのか？ 現代の民主主義の変容は、以下のうち少なくとも2つの領域について探究することによって計画される。 －民主的討論の条件：メディア、SNS、情報、教育、真実に関する倫理 －民主主義、模範と透明度：破壊を防ぐ政治、政治アクターの資金と選挙運動の資金の透明性の要請する手段について。公的生活の道徳化の手段。 －市民と社会的政治：労働権、賃金生活者の代表、社会的対話 －参加の領域の形態：政治、団体、組合、社会的、エコロジー的、人道的、文化的な参加。 －民主主義の新たな形態：討議、参加民主主義：代表と、あるいは直接民主制；社会運動の新たな形態 －民主的意識と国際関係：人権の防御と国際刑法の発展（ジェノサイド、大量虐殺、極端な暴力に適用される法律）	**獲得すべき、動員すべき観念** 市民、市民性／腐敗あるいは信頼の危機／デジタル時代の私的領域、公的領域／政治的代表、討論、公的決定／情報と情報の歪曲／公的政治／国際司法 **考えられる教育の内容** 福祉国家の発明と変容／環境に対する責任／参加の目的と偉人／腐敗とたたかう政治 －出版、意見の自由と表現の自由／NGOの行動／警告を出す人／人権保護の国際条約／現代の生命倫理の問題

修得すべき能力
－真理を探究するなかに、真理を組み入れて判断を行使すること。ある特定の意見とその表明に距離をおくことができ、物事の複雑性の意味を理解し、多様性と違いのなかに他方を考慮することができること。
－様々な文書の形（生活の語り、文学作品、芸術作品、法的文書、行政文書など）を特定し、その意味の重要性をつかみ、著者の意図をさぐり評価することによって文脈にのせること。
－証言あるいは文書を探し、集め、分析し、発表できること。探究や情報の扱いには厳格であること。
－明確で、論拠づけられていて、含みをもたせて、落ち着いて、公の場に発表できること。反論をきき、理解できること。視点の多様性を尊重すること。
－協力して、グループでの仕事に貢献できる能力を高めること。班や学級での計画的な仕事に没頭すること。

会を形成していく能力を身につけることが求められる。そのために、「視点の多様性」という前提や、グループで協力することが必要となる。

2　職業高校の道徳・市民科学習指導要領

　職業高校はフランスにおいて約100種存在する。２年間で職業適性証書(CAP)を獲得するコースもあるが、３年間で職業バカロレアを獲得するコースのほうが多数派である。本章ではそちらに注目する。

　フランスの高校進学は、入学試験ではなく中学における成績と本人の希望に基づく「進路指導」によって行われる。職業高校に進学する生徒は、中学で学業不振の傾向にあった場合が多く、高校においても留年率が高い。卒業後に大学など高等教育機関に進むものは少ない。大学以外の高等教育機関（IUT技術短期大学部、STS上級技手養成課程など）に進学する場合もある。しかし、職業バカロレアを取得することができれば、普通・技術バカロレアと同等の資格としてみられ、原則として希望する大学に登録できる。ただし、フランスの大学は進級が厳しく、進学後に留年する学生は多い。したがって、職業高校ではバカロレアに合格しても高等教育機関に進学しない生徒も多く、「完成教育」としての意味合いを持っていることがある。

　高等教育への進学率が低いことから、アカデミックな教科（例えば、数学、歴史・地理など）においては、学習指導要領は普通・技術高校に比して平易ぎみな内容に定められている。

　2019年版の道徳・市民学習指導要領[6]は、習得すべきコンピテンシーを以下のように定めている。

　　・情動を特定し、表現し、統御する。
　　・判断をするために、人の意見から距離をおく。
　　・文書に関する調査を実行し、批判的精神を発揮する。
　　・学習に関連して協力する
　　・学習の基準や観念に基づきながら、一貫して支持されうる議論を組み立てて表現する。
　　・聴くことができる、討論することができる。
　　・他者を尊重し、視点の多様性を知る。

表6-4　職業高校における道徳・市民テーマ

	年間テーマ	軸となるテーマ
1年	自由と民主主義	① 自由、我々の諸自由、私の自由　② ライシテ
2年	民主主義における平等と友愛	① 平等と友愛　② 平和の維持と共通の価値を守る　フランスとヨーロッパの防衛と安全
3年	公共空間、民主的討論への参加と文化	社会の脅威があるなかの民主主義に参加し、討議する

　最初の「情動を特定し〜」は、中学での道徳・市民教育の内容に重なるところがあり、アカデミックな内容で「進学準備」のためというよりは「他者と共に生きる」ための前提となる道徳教育といえるところがある。それ以外は普通・技術高校とも共通性はある。

　学習方法については、基本的には普通・技術高校と同様に討議を行うことは書かれている。その前提としてテーマ設定、情報収集、協力といったことが書かれている。

　テーマについては表6-4のとおりである。

　内容として普通・技術高校とは若干の共通性がある。3年次の内容としては、職業高校においても「民主主義」が含まれている。学習指導要領はまず、「学級で意見交換できるテーマの例」を挙げている。「生命倫理はどのように議論できるのか？」「デジタル時代における民主主義とはどのようなものか？」「デジタル社会における労働はどのように進歩するのか」「議論に参加するために、市民はどうやって情報を集めるのか？」。次いで、習得すべき知識について述べたうえで、「民主主義における討論の形式」について学習すべき「3つの変化」を挙げている。「環境の変化と危機（気候変動、生物圏の破壊、動植物の多様性の減少など）」「生命工学と倫理、生命工学と遺伝子、人間の健康、食糧、産物など」「デジタル革命とインターネットの発達」。

　環境、生命倫理、デジタル化というこれからも変化しつつある現代的な問題を通して、民主主義を学ぶことを学習指導要領は定めている。

3　道徳・市民科の教科書

　ここでは、上記のような学習指導要領のもとにどのような教科書が作られて

いるかを見ることとする。なお、フランスにおいて教科書検定はなく、出版社による自由発行で教科書が作成される。そもそも教科書使用義務の規定はなく、教師が自作のプリントを作成して授業を行うことも多い。フランスに大手教科書出版社は多数あるが、高校「道徳・市民」科の教科書が発行されているところは少ない。それは、この教科はとくに教科書が使用されずに授業が行われることが多いことを示していると考えられる。しかし、教科書を分析することは、実際に行われている教育の動向を知るうえで有益と考える。学習指導要領に準拠して教科書が作成されていることは、その内容を見るかぎり明白である。実際に使用されていることが多いと思われる３社の教科書を以下に検討する。

▶（１）ルリーブルスコレール社の普通・技術高校用教科書

　普通・技術高校３年生用のルリーブルスコレール社「道徳・市民」教科書の[8]「道徳・市民」の部分の内容構成は、① 民主主義の起源、② 民主主義の経験、③ 民主主義の実践、④ 民主主義の体制に参加する、⑤ 世界の規模における民主主義、⑥ 民主主義の不確実さと新たな情熱、となっており、内容は学習指導要領の定める構成と一致した順序でかかれている。内容構成は知識をベースにたてられているが、コンピテンシーの習得が各課で求められている。ここで習得すべきとされるコンピテンシーをまとめると、以下の通りである。こちらも学習指導要領を意識して作成されていることは明白である。

①物事の複雑性の意味を理解する。
②資料の異なったタイプを理解し、文脈に載せる。
③ある特定の意見とその表出には距離をおくことができる。
④視点の多様性を尊重する。
⑤調査と情報の扱いに厳格である。
⑥判断を行使し、真実をつかみとる。
⑦他者の意図を理解し、評価する。
⑧他者との多様性、違いを理解できる。
⑨聴く、討論することを習得する。
⑩情報を探索し、収集する。
⑪集団での作業を行う。

出所）大津作成、番号は大津による。

コンピテンシーについて、具体的に以下に見る。①「物事の複雑性」とは、「民主主義の起源」についてで「アテネの民主制の限界」「ローマの民主主義なき共和国」など古代の民主主義を分析すること、「国際刑事裁判所」についてその役割や限界を分析すること、などによって学習される。

②「資料の異なったタイプを理解し、文脈に載せる」、⑤「調査と情報の扱いには厳格であること」というコンピテンシーを求める「民主主義への移行の例、マリ」という課では、以下のような「問い」からはじめられている。

1895年から1960年までフランスの植民地であったマリ共和国では、1980年から90年のあいだに何度も軍部によるクーデターがあった。1991年にトゥーレ大統領は民主主義への移行をはじめた。成功のモデルとされる1990〜2000年を経て、2012年にマリは新たな政治的危機に直面する。テロリストとクーデターによって。

あなたは「アフリカと民主主義」という会合に出席しなければならないフランスの外務大臣の助言者です。あなたはマリの状況について小さな情報カードを作成しなければなりません。

すなわち、資料を用いて「情報カード」にまとめるという作業が課せられている。そして、以下の5つの【資料】が提示される。それは一つひとつ性質や信頼度を異にするものである。

---

① 徐々におきる移行（1990年から2010年にかけての、民主主義への移行動向の年表）
② 民主主義と報道の自由（Thierry Perret「マリにおけるメディアと民主主義―ある環境におけるジャーナリズム」『アフリカの政治』2005年）という記事（「情報通信と報道の新法が早急に制定され、1992年憲法とともにほぼすべての自由が保障された」）。
③ 緊張のなかに行われた2018年の選挙（「不正のない選挙を！」をかかげるプラカードをもつ人の写真、Michele Cattaniは選挙においてバマコの通りで「透明な選挙」を訴えかけた。（2018年6月写真）
④ 民主主義の失敗と、イスラーム政治の勃興（Haidaraによる2015年博士論文の一部、2012年にマリ政府と北部のイスラーム勢力と生じた紛争を描く）。
⑤ 女子教育：国の未来のための挑戦
2018年3月21日撮影の、Mopti小学校の授業においてJürgen Bätzという女子が出席している写真。

資料を作るための段階として、以下の段階をふむことがいわれる。

> 段階1　歴史の年表を作る。【資料①】をつかって、カード半頁の表を作り、マリの歴
> 史にとって重要な3つの日を選ぶ。
> 段階2　例を挙げる。【資料②】民主主義への移行に関して、報道の自由の重要性を示
> すいくつかの文について説明する。
> 段階3　現代の問題を説明する。【資料③④⑤】
> 段階4　情報カードを作る。

そして、以下の分析を行うことがいわれている。

> ・あなたが作成した情報カードはマリの民主主義への移行に様々な困難があることを示
> すことができていますか。
> ・あなたは信頼度の高い情報源を使用していますか？　あなたは引用をしていますか？
> ・あなたの同級生の情報カードをみてください。あなたと同じところを強調しています
> か？

　様々な情報源を示したうえで、情報の出自を含めて信頼性の有無を判断しな
がら論ずることを学習している。また、複数の様々な資料（document）をもと
に考えることから、一つの物語を文章化することまでが求められている。それ
は、資料をもとに自分の考えを文章化することに重点がおかれる歴史・地理の
学習と共通性があるといえる。[9]
　③「特定の意見とは距離をとる」とは、複数の意見が示される場合に、ある
意見にのみ固執するのではないことを意味する。例えばライシテには法的に変
遷があること（1789年人および市民の権利宣言、1905年政教分離法、1958年憲法、2004年
スカーフ禁止法）、複数の定義があること（宗教学者ボベロによる）、外国人参政権
の範囲や極右政党の投票率にはヨーロッパ諸国によって違いがあること、など
によって学習される。
　④「視点の多様性を尊重する」とは、上記にもあるライシテの学習であれば
国や時代による様々な見方、「政党」であれば様々な主義主張が存在すること、
などによって学習される。

▶ **（2）マニヤール社の普通・技術高校用教科書**

　マニヤール社の教科書のうち高校3年生むけの「道徳・市民」の教科書の全体の内容構成は、「1　民主主義の歴史的起源、2　民主主義の思想家、3　民主主義と選挙、4　民主主義への移行の例：スペイン、5　民主的討議の条件、SNS、6　民主主義、模範性と透明度、7　市民と社会に関する政治、8　民主的なあらたな情熱」と、やはり学習指導要領の構成と一致して作成されている。

　ここでは、第2課「民主主義の思想家」のところをみておく。思想家のかいた文章が30行程度引用されて示されている。要点のみ示すと、① アリストテレスによると、民主主義の優れた点としては「多数者は……それでも全員が集まれば、かの少数者よりは……勝ることがあってよいからである」『政治学』（第3巻第11章）、② ルソーによると、人民主権による国家が理想国家「主権者は、彼らの利益に反する利益を持ってもいないし、……また、持つこともできない」。『社会契約論』（第1編第7章）、③ トクヴィルによる民主主義における平等について「貧富も服従命令も、偶然に2人の人間に大きなへだたりを作るが……世論がこれらの2人の人間たちを共通の水準に接近させる。世論がこれら両者の間に一種の想像的な平等を作りあげる」『アメリカにおけるデモクラシー』（第3編第5章）、④ ハンナ・アレントによる民主主義における人民と政治エリートについて「支配するエリートと人民、自分たちのなかに公的空間を構成している少数者と、その外部に目立たぬままに生活している多数者——この2つのものの関係はあいかわらずのままである」『革命について』（第6章）の一節が掲載されている。加えて、以下の問いが出されている。

　　問1　民主的生活に必要な条件とは何だと思うか？（文書①④）
　　問2　どうして民主主義は社会的不平等をこえた政体を形成するのに貢献すると言えるか？（文書①②）
　　問3　民主主義の力とは何か？（文書①③）
　　問4　民主主義に危機をもたらすものは何か？（文書④）
　　問5　アリストテレス、ルソー、トクヴィル、アレントの示した民主主義の原理と条件はいかに、21世紀のはじめの第5共和政に適用可能なのか。例を挙げなさい。

　資料を読み取り、分析するという「歴史・地理」で重視される力がここでも

目指されている。問 1 ～ 4 について筆者なりに簡単に回答すると、問 1「多数派の政治に誤りがおきないこと、それなりの判断能力をもつこと。主権者が特殊意思でなく一般意思をもち、国家が認識した一般意思に基づいて行動すること」、問 2「民主主義によって財産的条件などの不平等を越えた政体が可能になること」、問 3「民主主義により、多数派が参加できる政治によりよい政治と、想像的な平等が作り上げられること」、問 4「民主主義を標榜する政治体制とはいえ、支配するものは少数派であることは免れ得ない。支配する少数派と支配される側の断絶が発生しないという保障はない」となろうか。いずれにせよ資料を読み取り自分のことばで分析して文章化する能力が求められる。

　なお、この教科書の特徴的なところとして、3 年生の部分の冒頭に、「高校生活に参加する」というページが作られている。それは「計画」と「活動」について述べられている。高校を民主主義の習得の場、参加の場としてとらえている。具体的には学校の「高校生活評議会」「健康と市民性のための教育評議会」「高校生の家」への生徒参加、学校内への選挙（クラス代表、高校生活のための評議会代表を指す）への立候補や、学校内の意見調査、学校の改善、学校祭などの開催、高校新聞の作成などが挙げられている[12]。高校生活を通じた実践が、民主主義の理論とつながることが意識されている。

　末尾には、「民主主義において読むこと、聴くこと：読む、聴くことの共有」「情報とフェイクニュース：真偽をどのように見分けるか」と、民主主義が成立するための前提であるリテラシーについてコラムがたてられている。誤った情報のもとに判断しないための教育がなされているといえる。

　学習指導要領がいう「協力して、グループでの仕事に貢献できる能力を高める」「班や学級での計画的な仕事に没頭する」といったコンピテンシーは、共同での発表などの活動を通して身につけることが求められている。

▶（3）フーシェ社の職業高校用教科書

　この教科書は、職業高校用学習指導要領があげる 3 つのテーマに準拠して作成されている[13]。「環境の変動と危機」では環境やエネルギー問題と民主主義にかかわることが記されている。

　以下のような記載がある。

１．2019年にフランスでは他国と同様に気候をめぐって多くの若者がデモに集まりました。デモをしている人が何を要求しているかを述べなさい。

２．以下の３つのカテゴリーのうち、行進をしていたのはだれのスローガンを掲げていると思いますか？
- 政策を決定する人
- 高校生の親
- 企業の幹部

その理由を答えなさい。

　教科書では、上記のように一つの資料だけみて答える問いが多い。ただし、いずれの場合も文章を書かせることを求めている。課の最後には「本書があげる諸資料に基づき、エネルギーの移行や気候温暖化にかかわって民主的議論がなぜ必要なのかを説明しなさい」という複数の資料をもとに考えさせる問いもある。

　「エネルギーの移行に関して、高校でかかわる」というページもあり、「高校における電気、ガス、燃料の消費を調べさせ、二酸化炭素の排出量を計算させたりもしている。フランスの高校では「環境代表（éco-délégués）」が2022年から毎年９月（新学期）に選出されるようになっているが、環境代表が発言する場として、学級、高校生活評議会、高校生活大学区評議会などがあること、「エネルギーの節約に関してどのような解決策があるか」という討論を開催することが書かれている。環境問題について日常の高校生活を含めて考察し、討論を行うように導かれている。エネルギー問題という題材を通して、専門家の意見、アンケート調査結果、法律、環境憲章などが提示されていて、それらを通して「民主的な議論」について学ぶものとなっている。

おわりに

　フランスの高校の「道徳・市民」をみてきたが、道徳性にかかわることというよりは、「市民性」に関することをテーマにして文書を分析することを中心

におく、歴史・地理と同様の方法で教育が行われているといえる。

　そこで求められることは、18歳という選挙権を取得し成人とみなされる年齢において、市民として期待される能力といえるかもしれない。普通・技術高校では、歴史・地理とも共通する資料を分析する能力や、発表、討論、レポート作成など大学で学問をするための基礎となる能力を身につけることに重点をおいている。普通・技術・職業高校ともに、「共和国の価値」、「民主主義」にかかわることをテーマとして、自分で文章を書くことを通して、さらに発表や討論を通して「自分の考えを形成する」、「考えの異なる他者とともに共生する」ための能力を形成することが求められる。

　資料など様々な情報源を鵜呑みにすることなく、厳格に評価し、論理的な意見を構築できること、他者に意見を言ったり聞いたり、他者と協力したりする責任ある行動をとるだけの能力が求められている。それは、選挙権を得たあと投票にいくときに求められる力、「市民力」になると考えられている。[14]

注
1）導入期に関して、大津尚志「フランス高校教育段階における『公民・法律・社会』科の理論と方法」『社会科教育研究』第99号、2006年、34-41頁。その後について、大津尚志・橋本一雄・降旗直子「フランスの高校『公民・法律・社会』学習指導要領（2010-2012年版）」『教育学研究論集』第8号、2013年、123-129頁、大津尚志「フランスのアクティブ・シティズンシップ教育」白石陽一・望月一枝編『18歳を市民にする高校教育実践』大学図書出版、2019年、190-218頁。

2）先行研究としては、福島都茂子「フランスの『道徳・市民教育（EMC）』の開始と授業見学」『宮崎産業経営大学法学論集』第26巻第1号、2017年、1-23頁、福島都茂子「フランス『道徳・市民教育（EMC）』の導入とペイヨン法制定過程」『社会科学研究年報』第48号、2018年、17-29頁。福島都茂子「フランスのシティズンシップ教育」石田徹ほか編『「18歳選挙権」時代のシティズンシップ教育』法律文化社、2019年、142-161頁。杉山大幹・吉野敦・坂倉裕治「フランスの後期中等教育段階における道徳・公民科の教育指針」『早稲田大学大学院教育学研究科紀要』第31号、2021年、1-12頁。

3）大津尚志「フランスの学校歴史において育成されるコンピテンシー」細尾萌子編『大衆教育社会におけるフランスの高大接続』広島大学高等教育開発センター。高等教育研究叢書164、2022年、39-52頁。

4）大津尚志「フランス」日本道徳教育学会全集編集委員会編『新道徳教育全集第2巻 諸外国の道徳教育の動向と展望』学文社、2021年、103-112頁。

5）Turgot高校（フランス・パリ）のベルトラム教諭のメールによる教示をうけた。

6 ）*B.O.*, spécial no. 5 du 11-4-2019, *B.O.*, spécial no. 1 du 6-2-2020.

7 ）大津、前掲6 ）。

8 ）Besson, F., et al. *Histoire + Enseignement moral et civique*, Lelivrescolaire.fr. 2020.

9 ）大津、前掲3 ）。

10）Borgogno, H., et al. *EMC, enseignement moral et civique*, Magnard, 2020.

11）なお、教科書では30行程度引用されている。原典を翻訳書で出典を示すと、アリスト
テレス（牛田徳子訳、2001）『政治学』京都大学学術出版会、ルソー（桑原武夫・前川
貞次郎訳、1954）『社会契約論』岩波書店、トクヴィル（井伊玄太郎訳、1987）『アメリ
カの民主政治（下）』講談社、アレント、ハンナ（志水速雄訳、1975）『革命について』
中央公論社。

12）大津尚志「フランス　市民の育成をめざす共和国の学校、法令による生徒参加制度」
荒井文昭ほか編著『世界に学ぶ　主権者教育の最前線』学事出版、2023年、75-102頁。

13）Appolon, O., et al. *Histoire géographie enseignement moral et civique, Tle Bac Pro*,
Foucher, 2021, p. 116

14）大津尚志「フランスにおける『18歳市民力』」科研費報告書、研究代表者　唐木清志『18
歳市民力を育成する社会科・公民科の系統的・総合的教育課程編成に関する研究』2023
年、web公開。http://www.komingakkai.jp/researchproject2020-2022_France.pdf（2023
年6月17日最終確認）。

Column 01 「高校生の家」におけるクラブ活動と市民教育

　フランスの中学校、高校には日本の「部活動」あるいは「クラブ活動」に
そのままあたるものはない。「社会的教育活動のホワイエ」が当初は中学校、
高校ともに設置されていたが、1991年から高校では「高校生の家（Maison
des lycéens, MDL）」という結社（アソシエーション）がおかれるようになった。[1]
「高校生の家」は高校生みずからが役員となり、組織運営できる権限を持つと
いう違いがある。それらが日本でいうクラブ活動にちかい役割をしている。

　「社会的教育活動のホワイエ」、「高校生の家」はともに、週1回程度、芸術（コー
ラスなど）、文化（学校新聞作成など）、スポーツ（学校ごとに数種類程度）といっ
た活動の場を作っている。[2]

　それ以外に、中学生・高校生のスポーツ活動は、学校内あるいは学校外の
アソシエーションで行われていることが多い。[3]学校内のアソシエーションの
活動時間は週1回か2回程度であり、昼休みや水曜日の午後（フランスでは正
規の授業がないことが多い時間帯）に行われることが多く、練習時間は長くない。
対外試合が行われることはある。

　アソシエーションは学校内で完結する組織とは限らず、複数の学校の生徒
が合同してスポーツを行う機会となることもある。体育科教員が学校内の施
設を使用して「アソシエーション」にて自分の得意とするスポーツの指導を
担当することも、職務の一環（担当の義務がある授業コマ数に含む）として位置
づけられている。フランスの中等学校教師は、週18時間（体育科教師は20時間）、
上級中等教員免状を所持している人は週15時間（体育科教師は17時間）と決め
られている。[4]アソシエーションの担当は教師とは限らず、アニマトゥールと
呼ばれる職員によることも多い。[5]

　ここからは「高校生の家」について詳しくみる。高校生の家は、学校内の
特に参加にかかわる市民性育成の場の一つである。高校生の家というアソシ
エーションを作る自由は、1901年の結社法に基づいた「結社の自由」の一貫
として理解されている。現在では16歳以上であれば結社する自由は法律上認
められている。「高校生の家」のもとに「音楽クラブ」「環境クラブ」などの
クラブが作られることもあり、参加は任意である。高校生の家はクラブ活動
の組織運営だけでなく、アトリエやカフェテリア、音楽室の管理、学校祭（フェ

スティバル）やフォーラムの開催、スキー旅行の企画などを行う。それは、高校生から直接選挙で選ばれた委員からなる高校生活評議会（Conseil des délégués pour la vie lycéenne, CVL）と連携して行われる。CVLと高校生の家は、生徒にとって授業時間外にある日常の活動を通して責任や市民性を学ぶ場であるなど、ある程度共通の場ということができる。

　「高校生の家」に関して、「全体会議（assemblée générale）」は、年度初め（10月）に開催される。ルネ・デカルト高校の2020年度全体会議の議事は以下のとおりである。[6]

　　1．高校生の家の管理評議会、メンバー刷新について
　　2．役員（部長、書記、会計）の選出、副部長の指名について
　　3．昨年の総括と決算について（昨年実施できたこととしてクラブ運営、音楽室の管理運営、スキー旅行など。コロナのため予定があってもできなかったことしてディズニーランド旅行、クラス写真など。および前年度の収入、支出について）
　　4．新年度の予定について（昨年からの継続として、フェスティバル、ダンス会、クラブなど。新規活動としてチョコレート販売、Tシャツ販売など）
　　5．質疑

　会費（5〜10ユーロ程度）を払えば全員参加可能であり、生徒だけでなく校長、学校の衛生安全管理責任者、教師、生徒指導専門員などがメンバーとなる。高校生の家の管理評議会（conseil d'administration）のメンバーとして最低8名が会員から選出され、そのなかから部長、書記、会計が互選される。全体会議では、主に1年間の計画、方向付け、予算案などについての話し合いがなされる。財政に関しては学校とは別会計であり、会費のほか国などからの補助によって運営される。

　フランスの「高校生の家」は、自律、創造の場であり責任を学ぶ場である。学校の時間外活動として能力を高める場である。組織を運営し、活性化するための能力を身につけ、協力の精神を学ぶ場と位置づけられている。[7]

　さらに、高校生の家連盟（Fédération des maison des lycéens）が2015年から作られている。それは、他校との交流の場であり、差別に反対し、環境の保護といった主張も行っている。フランスでは様々な高校生による結社（校内のみのものも、学校外のものも）が行われていて、16歳からは自由の行使がな

されている。それは、市民性を行使する一環である。

注
1）1901年法などに関して、高村学人『アソシアシオンへの自由』勁草書房、2007年。
2）先行研究として、山田真紀「フランスの学校における教科外教育」武藤孝典・新井浅浩編『ヨーロッパの学校における市民的社会性教育の発展』東信堂、2007年、119-138頁。
3）詳しくは、小林純子「現代フランスの学校教育と課外活動」星野映ほか編『フランス柔道とは何か』青弓社、2022年、63-87頁。
4）フランスにおける教員の労働時間に関して詳しくは、上原秀一・京免徹雄・藤井穂高「フランスの学校の役割と教職員」藤原文雄編『世界の学校と教職員の働き方』学事出版、2018年、39-45頁。
5）アニマトゥールに関して、ジュヌヴィエーヴ・プジョル, ジャン=マリー・ミニョン（赤星まゆみほか訳）『アニマトゥール』明石書店、2007年、岩橋恵子「フランスにおける学校支援と青少年の地域公共空間」『フランスにおける社会的排除のメカニズムと学校教育の再構築に関する総合的研究』2010年、科研費報告書（研究代表者　古沢常雄）、133-146頁。
6）Procès-verbal de l'assemblée générale ordinaire du 13 octobre 2020. https://rene-descartes.ent.auvergnerhonealpes.fr/vie-du-lycee/vie-lyceenne/maison-des-lyceens-mdl-/proces-verbal-de-l-assemblee-generale-ordinaire-du-13-octobre-2020-20902.htm?URL_BLOG_FILTRE=%232632（2023年6月25日最終確認）.
7）B.O., spécial no.1 du 4 - 2 -2010.

Column 02 　**学級生活（ホームルーム）の時間と市民性教育**

（1）フランスの学級生活の時間

　フランスの学校では長い間、知識を教授することに重点がおかれている場所とされ、日本でいうホームルームの時間にあたるものは存在していなかった。ところが1999年の事務通知によって「学級生活の時間（heures de vie de classe）」の設置が規定された。その後、現在に至るまで中学校・高校では年10時間（およそ月に1度）の学級生活が設置されている。1999年事務通知では、以下のように定めている。

　　学級生活の時間は、すべての生徒にかかわり、学級の生徒の間、生徒と教師および学校共同体の他の構成員との間で学級生活、学校生活あるいは高校生にかかわる課題と結びつく、すべての話題について対話ができることを目指す。この時間の頻度、実施方法は学校によって異なる。少なくとも月一度行われなければならず、担任（professeur principal）あるいは生徒指導専門員（conseiller principal d'éducation, CPE）の責任で、学級を教える他の教師、心理指導専門員、図書館司書、保健衛生職員の協力を得て行われなければならない。

　生徒指導専門員は、各学校に1〜2名配属される。教員が教科指導にほぼ専念するのに対し、生徒指導専門員は生徒の学校生活にかかわって出席状況の点検、学校内の評議会に出席、評議会での生徒代表の役割の指導、クラブ活動、生徒のコミュニケーション、人間関係、心理的なサポート、親との連絡、時には学習の補助などといった役割を果たす。

　「学級生活の時間」では、参加者集団の自律が尊重される。教員は「教える（enseigner）」よりも「活性化する（animer）」役割を果たすという。既存の知識を講義形式で伝達するのではなく、意見を交換し議論、討論することを目指す。専門的知識を得ることよりも、参加者集団が自ら判断し、決定し、行動できるようになることを目指す。個人としての成績向上よりも、集団としてできることが求められる。こういった観点は、これまでのフランスの教育において重要視されていなかったところである。

（2）「学級生活の時間」の内容

　1999年事務通知には「学級生活の時間のテーマ、課題に関しては、学校職員によってあるいは生徒自身によって決定される。その時間の内容と構成は、高校生活評議会の意見をうけたのちに学校管理評議会によって決定される」とある。実際に行われている内容は、大きく以下の5つに分類することができる。[3]

① 学級評議会にかかわること

・学級評議会の準備をする。
　：集団の問題にかかわって（方法、学習リズム、学級の環境、学校生活……）
　：個人の問題にかかわって（生徒一人ひとりの進歩－成功、問題－困難、主張、
　　改善の目的と方法）
・生徒代表は学級評議会の結果について伝達する。

　フランスの中等学校では、各学級において2名の生徒代表を選出する。そこで選出された生徒代表と、教師、親代表、生徒指導専門員などで「学級評議会（conseil de classe）」が学級ごとに作られる。学級評議会は、年3回および校長が必要と判断するときに開かれる。そこでは学級生活や生徒個人の進路指導についてなどが話し合われる。
　生徒代表は「学級生活の時間」において、学級評議会での状況を他の生徒に報告する、教師と生徒の対話を進める、他の生徒と話し合う、生徒間の助け合いを進めるなどといった役割を果たす。学級評議会の準備、結果報告の場ともなっている。

② 学級、学校における集団生活、人間関係にかかわること

・みんなが同意する共通価値としての「学級生活規則」を策定する。
・学級生活に関して、生徒の集団による表現を可能にする（憲章の調整、相互参加の分析、問題解決のやりかた）。
・生徒に対して校則について伝え、説明する。集団生活のための法、規則について知ることによって、生徒がそれらに順応するのを助ける。懲戒の意味と重要性について考えることを喚起させる。生徒に、異なった視点（校長、教師、職員、生徒……）から校則を分析させるようにする。

・学級生活の時間の規則を作る（発言の仕方、グループ作業、礼儀、作業のルーティン、助け合いの方法、個人の仕事……）。
・グループとしての学級を作る（所属感、団結感を高める）。
・教職員集団とその役割を紹介する。
・班の要求を聞く、表現する、お互いにかかわりあう。
・社会問題、現実問題、学校生活の問題について考える。学校の「大切な時間」、連帯の活動の準備をする。
・学級における対立、機能不全に取り組む。

　ここでは、学級生活を円滑に送ることができるようするためのモラルが強調される。フランスにおいて道徳教育は、市民性（citoyenneté）、すなわちフランス共和国を構成する市民として持つべき道徳が強調される。それは、全員が同意する共通価値とされる。例えば、「平等」「民主主義」「他者の尊重」「市民としての礼儀（civilité）」「暴力を使わない」などといった共和国の価値理念がある。それを日常の学級生活において「差別をしない」「意見や宗教の違いを尊重する」というように具体化することが求められ、そうして「学級生活規則」が作られる。学級生活規則について話し合うためには、「価値から出発する」のほか、「規則から出発する（当初に大まかな規則を決めておいて、不都合な部分を改めていく）」ことや、「生徒のクラスに悪影響を与える望ましくない行動から出発して、再発防止のためのルールを作る」といったことが考えられる[4]。

　校則（règlement intérieur）に関しては、例えば「校則はなぜ必要か」「校則に付け加えるべき条項は何か」などといった話し合いがなされる。校則についての学習も行われるのである。校則をよりよいものとしていくことが生徒自身の責任であり、市民性の習得であるとも考えられている。校則の決定権は学校管理評議会にあると法令上明記されているが、その前提段階としてクラスでの話し合いが行われることもありえる[5]。

　学級における対立、機能不全としては、例えば「教師たちが学習の雰囲気が悪化していると感じている」といった問題について、「問題の特定」→「分析」→「解決策をさぐる」→「決定」→「計画の実行」といったプロセスに基づいて話し合われる。

③ 高校における学習にかかわること

・学習方法について補助する（文書、指示を読む、学習を計画する、課題を学ぶ、
　点検をして復習する）。
・個人学習の補助を組織する（実際に行う、学習方法を知る、生徒間で情報交換
　を進める）。
・生徒の補助、支援に関する総括を行う。
・学習関連に順応できるように生徒を導く。
・実習を準備し、計画する。

　1990年代以降に高校進学率の急上昇とともに、高校生の学業失敗、学習意欲の低下という問題も生じている。その対応として、学業不振者に対する少人数指導などが試みられている。それを意識した中で「学級生活の時間」は生徒一人ひとりに対する学習支援の場として利用されている。

④ 進路指導にかかわること

・雇用状況を分析し、説明する。
・生徒が将来活動する部門について調べることを準備する。
・仕事について質問するために「専門家集団」にきてもらう。外部の人に来ても
　らう。
・生徒が個人の計画書を書くことを補助する。
・関連するソフトウェアの使用を準備する。
・プレゼンテーションの時間を作り、グループで討議することによって生徒の計
　画（進路、就職）を進展させる。

　フランスの高校においては、普通高校、技術高校はそれぞれのバカロレア、職業高校では2年間の職業適格証（CAP）を目指す課程と、3年間で職業バカロレアを目指す課程に分かれる。特に職業高校は、職業準備教育の要素が含まれる。なお、進路指導に関しては担任以外にも、非常勤職員である進路指導相談員（Conseiller d'orientation-psychologue, COP）によっても行われる。
　フランスは資格社会であり、若年層の失業が深刻である。2022年の全体の失業率が約7％であるのに対し、若年（15〜25歳）の失業率は18％である。高

校生の職業に対する計画性のなさや、モチベーションの欠如が問題となっている。進路指導にかかわる情報提供（求人がどの程度あるか、初任給なども示される）や、自分の能力の分析、進路指導関係の書類作成の場としても「学級生活の時間」が利用されている。

⑤ 学校行事、文化活動、その他にかかわること

・新入生徒を歓迎する（高校における準備：手順、審議、行程）。
・学校の社会文化計画と結びつく活動を組織する。多文化を理解する活動を組織する。
・学校の助け合いの方法を準備する。
・宗教文化
・人間形成
・週テーマ：「学校新聞の週」、「文化活動の週」、「学校を尊重する」
・年末の計画
・親睦の時間の準備

　新入生の歓迎行事としては、ネームカードの交換から、普段とは違うレクリエーション、ビデオ鑑賞などが行われている。生徒に学校に対する所属感を持たせようというのである。フランスの高校では転校する生徒は日本より多く、中には学校をよく知らないまま転校する生徒もあり、それを避ける目的もある。それは、「なぜ学校で学ぶのか？」「『成功する』ために何をなすべきか」といったことを話し合い、考える機会ともなっている。それには、高校生活に積極的な意義を見出せない生徒がいるという背景もある。

　「学級生活の時間」によって、日本で言う学校行事にかかわる準備の時間も確保されるようになった。新入生歓迎や文化祭などの学校行事に関しては、高校（中学）生活評議会との関連をもって行われる。

　「学級生活の時間」が、クラスや学校の一員としてどのように振る舞い、参加するのかという教育の時間となっている。それは「市民性の育成」の一環と位置づけられているといえる。

注
1) *B.O.*, no. 21, 27-5-1999.

2）先行研究としては、武藤孝典「フランス共和国における『市民性への教育』の構想と実践」『東京電機大学理工学部紀要』第24巻第2号、2002年、107-117頁、武藤孝典「フランスの学校におけるスクール・ガイダンスと『学級生活の時間』」『日仏教育学会年報』第10号、2004年、188-197頁、新井浅浩「『学級生活の時間』」武藤孝典・新井浅浩編『ヨーロッパの学校における市民的社会性教育の発展』東信堂、2007年、70-85頁、京免徹雄「国際的視野からみた中学校『学級活動』の特色」『日本特別活動学会紀要』第27号、2019年、29-38頁などがある。

3）主として、以下の文献に基づき筆者が作成。Points de Repère pour le lycée, les heures de vie de classe, Centre d'études pédagogiques pour l'expérimentation et le conseil, 2003.

4）Xavier Papillon, Gilles Grosson, *Heures de vie de classe, concevoir et animer*, Chronique Sociale, 2001, pp. 52-53.

5）校則に関しては、大津尚志「フランスにおける校則」『校則を考える』晃洋書房、2021年、87-102頁、同「フランスの中等教育機関における校則」『フランス教育学会紀要』第13号、2001年、49-60頁、同「中学・高校における『校則』」『フランス教育学会紀要』第33号、2021年、155-156頁。

第7章　生徒参加制度と市民教育

は じ め に

　フランスにおける「市民性教育」は授業外においても行われているところがある。学校それ自体が「民主主義の習得」の場であると考えられており、その実現のための一環として、中学校・高校における生徒参加制度があるといえる。

　フランスにおいて、若者が活発にデモやストライキなどを行い、それが時には社会に影響力をもつことがある。1990年に暴力事件に端を発して校内の治安の悪化に対して抗議がおきて、高校生は安心して授業をうけるだけの措置を求めた。その後、生徒の教育改善のための予算措置がとられたことはよく知られている[1]。

　その後も主として若者にかかわる問題や、教育改革・高校改革が行われるときに高校生が声をあげることはしばしば起きている。その例をあげると、大きな教育関係の法律（2005年フィヨン法、2013年ペイヨン法、2019年ブランケール法）が制定されようとしたとき、高校（教育課程）改革・バカロレア改革が行われたとき、雇用問題など若者に関する立法が行われたときがある、国際的に問題視されたとき（2019年の気候問題、スウェーデンの高校生グレタ・トゥーンベリさんの影響はフランスにも及んだ[2]）がある。

　特に高校教育やバカロレア改革という自分たちの問題については、「自分ごと」として高校で討論集会が行われる、学校外でデモが行われる[3]などの「声をあげる」動きがあることには注目すべきであろう。

　そういった事情の背景に、中学校・高校に生徒参加制度があり、学校内にある自分たちの問題は自分たちで解決するしくみや、学校が民主的に運用されているしくみがあることが考えられる。本章ではその点に着目する。

1　生徒参加制度と市民性教育

　フランスの中等教育における生徒参加制度は、1968年の大学紛争が生じた時期から徐々に整備がはじまり、様々な改変を経て現在に至っている。現在の生徒代表制度を図示すると、図7-1のようになる。生徒参加制度が発足した当時は十分に機能しないなど否定的な評価も散見された。制度が軌道にのりはじめたという評価は子どもの権利条約の批准（1990年）の頃と考える[4]。

　現在では、学校が民主主義を学ぶ場所として位置づけられていて、そのための参加制度という意味合いも強くなってきている。「政治家を選ぶ選挙、政治家、議会、法律、共和国」が「生徒代表を選ぶ選挙、生徒代表、学校管理評議会、校則、学校」になぞらえることが考えられている。フランスにおける校則では法令が引用されることも多い。高校の校則においては「高校生に表現、結社、集会、出版の自由」を定めた1991年の政令がよく引用される。学校内で貼紙や印刷物の配布をする場合は校長の許可が必要であるが、校長によって不許可（政治・宗教のプロパガンダなどはこれにあたる）とされた場合は学校管理評議会に後日報告する義務があるので、恣意的な運用は許されない。なお、小学校においては生徒代表制度は制度化されていないが、学校の判断による設置が行われているところはある。

　フランスの中学校・高校では教科指導をする教員のほかに「生徒指導専門員」が配置されている。生徒代表の育成は代表制度が実質的に機能するために必要であり、主に生徒指導専門員が担当する。

　生徒代表は「市民性と責任を習得すること、代表、選挙、委任、社会生活へかかわるといった観念を習得する[5]」ことが求められる。

　そのために作成される冊子は、代表制度の説明、代表選挙とはクラスの多数派の声を通して信任を受けること、クラスの生徒と代表は委任（mandat）という契約関係にあること、などを説明している。

　代表の役割として、評議会の前にはクラスの問題（例えば、同級生が常に欠席している、クラスの雰囲気がすごく悪いこと、教師が授業中ものすごく早く話すこと、など）、その原因、解決策、などを把握しておくことが挙げられる[6]。

　評議会の最中は、事前に同級生と相談したことをうけて学級生活上の問題について大人の前で発言する役割がある。個人的な見解のみに基づいて発言して

80

図7-1　フランスの高校生代表にかかわる制度

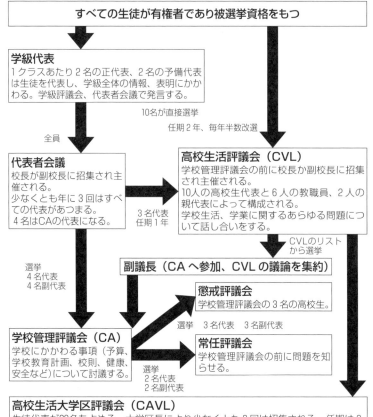

出所）Durand, D., *Délégué Flash 2014*, CRDP de Grenoble, 2013, pp. 52-53, *Elèves engages: vos projets, vos mandats*, CANOPE, 2014に基づき大津が作成。

はならない。あらかじめ質問を用意しておく、あるいは他の出席者からの質問
に対して、その応答をメモしておく必要がある。その記録は分析して要点をま
とめなければならない。「クラスの全般的な雰囲気について」「学習の条件につ
いて」「クラスでおきている特別な問題について」「幾人かの生徒について」「個
人的問題について（場合によっては、関係のある生徒の許可を得てから話す）」といっ
た領域がある。[7]

　評議会の後は議事を同級生に伝える仕事がある。伝えるときは、特別の事項
に深入りしないこと、あなたたち（vous）でなく、私たち（nous）を使う（あく
まで、代表はクラスの一員としてであること）、代表者は援助する役割であって単な
る報告ではないこと、などが、生徒指導専門員から注意事項として挙げられる
ことがある。[8]後の報告は月に一度ある「学級生活の時間」が使われることが多
い。

▶（1）学級での生徒参加──学級評議会

　フランスの中学校・高校では各クラスから代表2名が選出される。学級代表
はクラス担任の授業中に選出される。あらかじめ、立候補期間が定められ、ク
ラスで正代表2名・副代表2名（副代表は正代表が事情で会議に出席できないときに
代理をつとめる）が組になって立候補する。多くの場合クラス担任の授業時間を
使って、立候補者がスピーチをしたあとに、投票を行う。投票は第1回投票で
過半数に達する候補者がでなかった場合は規定のとおりに「決戦投票」を行う
「2回投票制」であり、それは大統領選挙のときなどと同じである。

　学級評議会は文字通り学級ごとに開かれるものであり、校長（または副校長）、
担任、生徒指導専門員（CPE）、進路指導心理専門員（COP）、保護者代表（2名）、
生徒代表（2名）、学校職員などで構成される。年に3回、学期ごとに開催され
る。保護者代表に関しては、別に選挙がある。郵送投票などがなされる。フラ
ンスには保護者代表のアソシエーションが複数あり、それはそれぞれ左派・右
派の政治結社と事実上の関連はある。

　学級評議会で議題となるのは、学級内の教育上の問題について、学業成績上
の問題、進路指導上の問題についてである。クラス内で例えば「○○の授業中
はざわついている生徒が多い」というような情報を共有する場でもある。生徒
一人ひとりの成績についても、各教科の点数とコメントがかかれた一覧表が作
成されて出席者により審議にかけられ、必要があれば議論される。なお、会議

に出された生徒の成績が訂正されることは記載ミスがあったときくらいである
が、それもありうる。

　生徒の進路指導については、フランスの中学校最終学年では、進学先（普通・
技術・職業高校など。技術・職業高校は多くのコースに分かれる）を入学試験ではなく
成績と本人の希望などによる進路指導で決定する。

　各学期の成績および、進路指導に関して、一人ひとりの成績状況について学
級評議会で確認がとられてオーソライズされる。場合によっては、各学年度末
には留年の判定が出ることもある。フランスの中学校・高校は「授業で勉強を
する場」であって、部活動にそのままあたるものはない。先輩・後輩にあたる
観念はなく、留年することが恥であるという観念も少ない。留年の判定は3日
以内に保護者に通知されることになっているが、学校外の上訴委員会で再審議
してもらうことは可能である。再審議で判定がくつがえることも頻繁にある。

図7-2　中学校での開票風景

出所）大津撮影。

▶（2）学校内での生徒参加

1）学校管理評議会

　学校管理評議会（conseil d'administration）は様々な権限を持つ。フランスの学校は、校長より学校管理評議会が動かしている。招集がかけられるのは、年に3回（学期ごとに1回）である。

　学校管理評議会のメンバーは、校長（議長）、副校長、管理部門長、生徒指導専門員、特別支援教育担当者、教職員代表（うち教員代表7名、事務職員代表3名）、高校では父母代表5名、生徒代表5名（中学では父母代表7名、生徒代表3名）、地域代表2名、市町村（連合）代表2名、などからなる（教育法典R421-16）。父母代表、生徒代表は選挙を通して選ばれる。地域・市町村代表は学校管理評議会によって任命される。

　合計約30名で、うち教職員代表および父母生徒代表がそれぞれ3分の1を占める。過半数の出席があるときが定足に達する。議決の際に投票はすべての代表がおなじ1票を持つ。すなわち、校長の1票も生徒代表の1票も同じ価値であり、採決は秘密投票で行われる。

　フランスでは、校長が単独で決定できることは少ない。学校管理評議会の票決をもって決定することは、学校予算、学校教育計画（projet d'etablissement）、校則の改廃といった学校経営の根幹にかかわること、保護者の学校参加に関する情報提供にかかわること、衛生・健康・安全にかかわること、暴力やいじめ防止にかかわること、などがあげられる。

　学校管理評議会が同意を与えることとしては、「保護者との連絡とともに進路指導を行うこと」「スポーツ関係のアソシエーション」「修学旅行」「グループへの加入」「契約の締結」などがある。学校管理評議会が意見を出すことは、選択科目の改廃、教科書の採択、登校下校時間の改訂、などがある。

　学校教育計画は3～5年ごとに作成される。学校にかかわるデータ（例えば生徒の出身階層、学力テストの結果など）を分析し、それぞれの環境に適応して計画を文書化するものである。その形式・分量などは各学校によって様々であるが、多くの学校で基本方針、教育実践にかかわること（教員の加配など）、学校の環境への対応（学校と周辺にある企業との結びつき、文化機関との連絡、外国を含めた他校との交流など）などが規定されている。

　校則の改廃については一例をあげると、2019年に生徒の懲戒手続に関する省令、通達が出された（停学処分のあとに保護観察期間、重大な暴力事件への対応など）。

それをうけた校則の修正が各学校でなされている。フランスの校則は憲法、条約、法律や国民教育省の省令、通達の下位規範である。校則と法令などは矛盾がないように作られている。

　ある高校の2016年11月（9月新学期のあと、年度内1回目）の学校管理評議会の議事録をみてみよう（議決がとられたものは、棄権、反対票の数が記されている）。

　1．前回の議事録の確認
　2．新学期にかかわる事項
・バカロレア・グランゼコール入試結果、バカロレア以降の進路状況の報告。学校生活について。スポーツ・アソシエーションの年次報告。高校生活評議会（CVL）の計画（新入学生紹介、女子サッカー大会、CVL規則の実質化、中庭の生徒用トイレの増設、コピー機の増設、Wi-fi環境の改善、スエットシャツのロゴのコンクール、図書館の開館について、Facebookのページ開設など
　　・特別の目的に関する補助金について
　　・職務について
　　・2016〜2020の計画に関する同意について
　3．修学旅行について（行先として4カ所を決定）
　4．物的状況、財政について
　a）2017年予算
　b）契約、協定
・協定（別の高校から寄宿生の受け入れ協定、演劇を選択で勉強するための劇場と、アソシエーションとの協定、など）
・取引契約に関する、財政上の帰着に関する、学校管理評議会から校長への委任
・エレベーター、入校管理、コピーなどの契約について（コピー機のメンテナンスに関しシャープ社との契約など）
・クラヴェル氏の遺贈について
・共同での食事料金、共有物の資料料金について
・住居の移譲について

　学校の方針など重大な事項の決定は、生徒の意見を反映する過程が保障されたうえで行われている。それは、生徒にとって「民主主義を習得する」ことである。

　他にも、学校内には常任評議会と懲戒評議会がある。常任評議会は、必置ではないが学校管理評議会がひらかれる前に議題の整理を行う。懲戒評議会は、

生徒の懲戒処分をくだすときに開かれる。「パリ20区、僕たちのクラス」（原題 Entre les murs）という映画があったが、そこでもある生徒の退学処分の決定をするときに評決がとられた。その際は、校長の1票も生徒代表の1票も同一のものとしてカウントされる。

2）中学校・高校生活評議会

学校管理評議会とは別に校内にある評議会としては、「中学校生活評議会（CVC）」「高校生活評議会（CVL）」がある。代表は全国生徒から直接選挙で選出される。文字通り、学校生活にかかわる評議会である。

CVLは2000年から設置されるようになった。生徒から選出されるのは定員10名である。任期2年で毎年5名ずつが半数改選される。校長が主催し、教職員代表8名、父母代表2名の参加枠は決められている。

学校運営に関して大きな権限をもつ学校管理評議会が開かれる前には開催されることが義務付けられ、高校生の学習や生活に関する条件について話し合う場がもたれる。

以下の内容を議題とすることが義務となっている。

- ・学習と学校時間の組織について
- ・学校教育計画、校則の改定案について
- ・学習組織、生徒の補習の組織について
- ・進路指導（学校・大学で学ぶこと、職業キャリア）にかかわる情報について
- ・高校生活にかかわる健康、衛生、安全、掃除について
- ・スポーツ、文化、学校周辺活動について

文字通り高校生活にかかわることが議題とされる。議論の対象となる領域は学業関係と、課外活動関係に大きく分けられる。CVLにおける提案を通してフェスティバルやスポーツ大会、他校との交流の機会が設定されるなど、課外活動を高校生による自治として行う機会になっている。

CVCは2016年に政令で新たに設置されることが決定された。中学校にも新たな評議会が設置されるようになった。校長により主催され、生徒代表、最低2名の教員代表、最低1名の親代表がメンバーとなる。

CVCが提言することは、学校組織全体にかかわること（学校教育計画、校則など）、個人の学習や外国の学校との交流にかかわること、生徒の満足感や学校の雰囲気にかかわること、芸術・文化教育、進路指導に、健康教育にかかわること、

図7-3　高校内に掲示された高校生活評議会の選挙を示すポスター
出所）大津撮影。

図7-4　高校生活評議会選挙で立候補者が掲示したポスター
出所）大津撮影。

図7-5　高校で投票する生徒

出所）大津撮影。

などと政令が定めている。CVCははじまったばかりの制度であるが、高校に
比べて規模は小さく、CVLの準備段階といってもよいであろう。高校の生徒
代表制度がうまく機能するためには、中学校（あるいは小学校）で代表について
学ぶ機能が保障されていることが必要である。

2　学校の枠を越えた生徒参加制度

　フランスの高校内には高校生活評議会（CVL）がおかれているが、さらに大
学区（フランスを30に分ける行政単位）および全国単位で、高校生活大学区評議会
（CAVL）、高校生活全国評議会（CNVL）が設置されている。さらに、中央教育
審議会（Conseil supéieur de l'éducation, CSE）は、委員は98名であるが、そのなかで、
4名が高校生代表枠として、高校生の参加機会として保障されている。
　CAVLは大学区長と、CNVLとCSEは国民教育大臣と高校での学業について
および高校生活の根本にかかわる事項について、意見を交換する場所となって
いる。
　CVLの評議員の投票によってCAVLの評議員が選出され、CAVLの評議員の
投票によってCNVLの評議員が選出される。CSEの高校生代表枠の4名も
CAVLの評議員によって選挙される。例えば、現在高校生枠で中央教育審議会
審委員でもあるカリウス君は、ローザルクセンブルク高校のCVL委員、モン

ペリエ大学区CAVLの委員となり、さらに中教審委員にも選出された。

　CAVL、CNVLの高校生代表枠の選挙は、いずれも正代表2名・副代表2名合計4名が1組になって立候補する。投票は単記、秘密投票であり、「2回投票制」によって選挙される。その点は、学級内で行われるクラス代表選挙と同じである。代表として立候補する2名は男女1名ずつであること、代表とその代理をつとめる副代表はそれぞれ同性でなければならないという規定がある。フランスの国政選挙においてはパリテ（男女同数）が求められることがあるが、ここにも影響がある。投票は郵送で行われる。

　CAVLは、最大40名のメンバーで開催される。評議員の半数は高校生で、任期2年となっている。。高校生評議員は大学区内の普通・技術高校、職業高校、地域適応学校（特別支援学校）の3グループに定員が割り振られることが決められているが、その割合については各大学区で決定される。生徒代表以外のメンバーとしては、国・地方教育行政関係者（大学区視学官、校長など）が大学区長により任命される。任期は3年である。父母代表関係者や、他の行政機関の関係者も参加する。

　例えば、ナンシー・メス大学区のCAVLは2019年4月には「各学校において、"いじめとたたかう代表"の育成について」や「2018〜2020年の大学区の活動計画について」「高校生活評議会（CVL）と中学生活評議会（CVC）の連携について、CVL間の連携について」などが議題となっている。例えばバカロレア（大学入学資格と後期中等教育修了にかかわる資格試験）改革といった議題についてCNVLや大臣と動画中継を結んでビデオ会議を行っている。

　2019年にはモンペリエ大学区内のヴィクトール・ユーゴー高校では「高校生活評議会」での女子生徒の発言をきっかけに「学校内の生理用品無償配布」がはじまった。さらに、同高校高校生活大学区評議会の委員がいたこともあって、モンペリエ大学区すべての学校でディスペンサーの設置が行われて無償配布となった。[9]

　CNVLは64名で構成され、うち60名は30ある大学区のCAVLから選出される。残りの4名はCSEの高校生枠代表が兼任して出席する。評議員の任期2年である。

　2019年4月のCNVLでは、「気候変動、持続可能な開発、生物多様性」が議題となった。CNVLの高校生と国民教育大臣がTwitter（現・X）で公開討論を行うこともあった。すべての高校から集められた意見をCAVLを通して集約し

て高校生は大臣に提出した。大臣は高校生のイニシアティブに基づいて次の 5
点を提案した。

- ・持続可能な開発についての教育の時間を増やす（エコラベルなど）。
- ・CVLにおいて持続可能な開発を、大きな関心事にする。
- ・非汚染のための「クリーンウォーク」を支援し促進させる。
- ・学習指導要領、学校教育に持続可能な開発をとりいれる。
- ・エコロジーの役目を支援する。

　その後実際に、2020年 7 月には小学校・中学校の「道徳・市民」科の学習指
導要領が改正され、環境にかかわる事項が多く追加された[10]。
　CSEは教育という公役務の目的と機能について、学習指導要領や試験、学位
などに関する規則について、私立学校について、教育にかかわるあらゆる問題
について、意見を述べることができる（教育法典R232-1）。2020年 2 月の例をみ
ると、昨今議論されている、高等教育一年次に入学に関する計画や、高等教育
進路選択システム（Parcoursup）についてなどが議論されていた。原案が提出さ
れ議決にかけられるが、政令案などの提案が否決されることも頻繁にある。審
議は実質的に行われているといえる。
　CSEの委員の定員は98名である。教職員代表は48名（うち、公立初等中等教員代
表が20名、生徒指導専門員などの代表が 3 名、私立学校の代表が 7 名など）、公立学校の
父母代表が 9 名、などの枠が決められているが、 4 名（正代表）が高校生およ
び特別支援学校生徒の代表枠となっている（教育法典R231-2）。
　フランスでは、高校生の年齢になれば地方・中央ともに政治に影響を与える
ことが可能な機会が保障されている。高校生が高校教育（課程）改革や高等教
育進学など自分たちが直接かかわる問題について意見を表明し、中央政府や大
学区に影響を及ぼす機会が保障されている。フォーマルな機会のみならず、各
学校で集会やデモが行われることもある。高校生による団体の結社もある。

おわりに

　フランスの生徒参加制度は、約50年のあいだに変遷をとげて現在に至ってい
る[11]。学校内・学校外の双方において参加制度が充実しているといえる。これま
で述べてきたように各種の評議会を設置することが法定されている。

　学校自体が「民主主義の習得の場」と位置づけられることがある。学級内で代表を選出すること、学校内において、生徒代表選挙があり、学校管理評議会があり、校則が制定されることは、共和国において国政選挙があり、国会があり、法律が制定されることとパラレルであると考えられている。校則は学校における法律という位置づけであり、校則は共同生活のルールであり、様々な権利を保障するものである。校則についての学習も行われ、それは中学終了時の試験問題に出されたこともあるくらいである。[12]

　大学区高校生活評議会では大学区長が、全国高校生活評議会では国民教育大臣が議長を務める。高校生が行政府の長と直接交流する機会もある。

　フランスにおいて、学校内での民主主義がなりたつための条件が整備されているところがある。既に触れたように集会、出版、結社、貼紙の自由が校則に明記されていることは多い。校則は生徒手帳に掲載されていて、それを通して高校生に周知されている。結社の自由に関しては、学校外に高校生の団体（アソシエーション）が作られている。例をあげると、「高校生の権利（droits des lycéns）」という団体は、かつて中央教育審議会委員だった生徒がいた団体であるが、「いじめ・ハラスメント・差別に反対する、学校の民主主義、大学入学者登録制度、男女平等、高校における精神的健康」を問題とすることを表明し[13]、高校内での生徒の身分や校則、予算や活動の問題の無料相談に応じることを述べている[14]。校内で社会問題（例えば、難民問題、気候変動問題など）に関する学習は広く行われるが、場合によっては校内に貼紙が提示されたり、集会やデモが行われることもある。高校生に民主主義が成立するための前提となる、権利の保障が明確になされているところがある。

注

１）例えば、小野田正利「フランスにおける学校への生徒参加」『子どものしあわせ』第463号、1991年、66-70頁。

２）大津尚志「フランスにおける生徒の権利と学校・社会・政治参加」勝野正章ほか編『校則、授業を変える生徒たち』同時代社、2021年、189-212頁。

３）一例をあげると、Réforme du bac, Parcoursop...près de 120 lycées sont «perturbés», https://www.lemonde.fr/societe/article/2018/12/10/entre-100-et-120-lycees-sont-perturbes_5395280_3224.html （2023年6月25日最終確認）参照。なお、邦語文献として、石川裕一郎「政治的表現の自由とデモ・ストライキ」菅原真ほか編『フランス憲法と社会』法律文化社、2023年、160-168頁。

4 ）大津、前掲書、189-212頁。

5 ）*B.O.*, supplement no.23 du 10- 6 -1999.

6 ）Jean-Marc Cinono, *Le livret du délégué du college*, Canopé, 2016.

7 ）Ibid.

8 ）ジャン・ゼイ高校（パリ郊外）、生徒指導専門員による「代表」むけに作成された冊子による。

9 ）参照、高崎順子による記事。【生理の貧困】ナプキン配布が必要な日本 「タンポン税」を軽減したフランス、https://cocreco.kodansha.co.jp/general/topics/health/xAG 5 n?page= 3 （2023年 6 月25日最終確認）。

10）*B.O.*, no. 30 du 26- 7 -2018, *B.O.*, no. 31 du 30- 7 -2020, 大津尚志「フランスにおける2018年版「道徳・市民」科学習指導要領」『教育学研究論集』第16号、2021年、67-71頁

11）小野田正利『教育参加と民主制』風間書房、1996年。

12）大津尚志『校則を考える』晃洋書房、2021年、87-102頁、参照。

13）Droits des lycéens, Nos interventions, https://droitsdeslyceens.com/nos-interventions/（2023年 6 月25日最終確認）。

14）Droits des lycéens, Nos engagements, https://droitsdeslyceens.com/nos-engagements/（2023年 6 月25日最終確認）。

第8章　歴史教育と市民教育

は じ め に

　フランスの初等中等教育で行われる歴史教育は、「学校歴史（histoire scolaire）」と呼ばれることがある。学校歴史は、大学で行われる歴史教育と全く同じものではない。学校歴史はあくまで初等中等教育の一貫である以上、知的能力の向上、フランスへのアイデンティティの保持、市民の育成を目的とする[1]。それでは、フランスにおける歴史教育は「市民の育成」にどのように貢献しているのであろうか。学校歴史は、学習指導要領の制約をうける。学習指導要領はその時代に支配的であるイデオロギーに呼応するものにすぎない。しかし、これから述べるように初等中等教育の段階で育成される能力は、高等教育において必要な能力と接続するところも多い。高校3年生の歴史教科書には、「歴史家の仕事」というページもあり、そこでは「歴史家は歴史的文脈を定義することからはじめる」「歴史家は文脈の情報源にあたる」「歴史家は情報源を解釈する」とある[2]。高等教育における歴史と高校の歴史学習に共通性があることを示していると考える。さらに、それは「市民として持つべき能力」とも結びつくものと考える。

　本章では初等中等教育の「歴史・地理」科の枠内で行われる教育のうち、歴史分野に着目して、いかなるコンピテンシーが育成されているかを明らかにする。フランスの歴史教育は、小学校4〜5年生、中学校1〜4年生、高校1〜3年生の3サイクルにわたって学習される。それぞれの段階において学習するコンピテンシーにはかなりの共通性があり、それは大学での学び、さらに修士課程で行われている歴史・地理科教員養成における学びと共通するところがある[3]。

　本章は学習指導要領に主に着目して、フランスの歴史・地理科のうちに歴史分野における教育を分析する。

1　現行学習指導要領に至るまでの流れ

　フランスでは、教育方法をあらわす単語にはペダゴジー（pédagogie）とディダクティク（didactique）の2種類が存在する。ペダゴジーは「子どもを成長させる」方法として主に初等教育で、ディダクティクは教科ごとの特殊性に応じた知識を伝達する方法として、主に中等教育で使用されることが多い。歴史・地理には歴史・地理独自のディダクティクがあるという前提である。ディダクティクという用語がつかわれ始めた時期は教科によって異なるが、歴史・地理では1980年代後半からである[4]。学習指導要領上は1990年代からディダクティクが意識されている[5]。1993年には、バカロレア試験にディセルタシオンや資料解釈を含むという内部文書が国民教育省から告示された[6]。コレージュ学習指導要領を見るに、1985年版[7]に比して1995年版になると、「資料は歴史学習の中心」[8]の文言がある。

　歴史教育の場合、ディダクティクでは既存の資料を理解し、そこから得た情報や知識を根拠として新たな知識を自分で構築することに重点をおく。その方法論は、認識論・エピステモロジー（épistemologie）と呼ばれる[9]。フランスの中等教育においては、資料から出発して、自分の歴史を「構築する」ことが求められる[10]。そこでは、何らかの問題提起（problématique）を行い、構成（plan）をたてて論を構築することまでが要求される。

　フランスにおける歴史教育は、高等教育における歴史学を生徒の年齢や発達段階に対応させたものとして行われているところがある。高校における「学校歴史」では、大学における歴史学と異なり、例えば自分で史料を探索すること、史料を外国語や古典語で読むこと、手書きの資料を読むことなどまでは要求されない。史料批判については高等教育におけるほどの厳密性までは求められないが、後述するように史料の性質について考えて、それを踏まえて史料を読み取ることや史料の限界を踏まえることが要求される。複数の資料から出発して自分の歴史を論拠づけられた文章にして描くことが求められる。

　歴史教科書をみると、1970～80年代までは歴史的事象を説明することに多くのページを費やしている場合がほとんどである[11]。ところが、1990年代にはいると変容が生じる。1990年代の学習指導要領改訂においては、草案作成にあたって教育課程審議会（Conseil national des programmes, CNP）のなかの教科専門グルー

プ（Groupes techniques disciplinaires, GTD）においてマルタン（Martin）が中心となった。そこでの議論をうけて、従来の教育方法を変える学習指導要領へと至った[12]。例えば、1995年の学習指導要領では「歴史的知識を作りあげるプロセスを生徒に意識させる」「新たな教育の方法は、生徒に問題提起をさせ、それは大学での研究を先取りするものとなる[13]」とある。

例えば大手教科書出版社であるナタン社から1993年に出版された教科書[14]を見ると、ディダクティクの影響をうけている。その後現在に至るまで、歴史教科書は中学校・高校ともに、文章、新聞記事、絵、手紙、写真、データ（グラフ）、などが掲載されている「資料集」の意味合いが強いものとなる。その傾向は現在に至るまで続いている。

さらに、フランスにおいて、コンピテンシーの明確化にむけての動向が存在する。2006年に「知識・コンピテンシーの共通の基礎」が発表された。その後さらに2015年に「知識・コンピテンシー・教養の共通の基礎」[15]（以下、「共通の基礎」と略す）が公表され、それは学習指導要領にも影響を与えている。

2015年の「共通の基礎」は、次の5つの領域で定められている。

1．考える、コミュニケートするための言語体系
2．学習するための方法と道具
3．人および市民を育成する
4．自然と技術のシステム
5．世界と人間の活動の表現

歴史の学習指導要領で求められるコンピテンシーについては後述するが、上記のうち「1」「2」が最も関係する。

中学校では、「歴史、地理、道徳・市民」が一つのまとまりとして、同じ教員により担任される。細尾は1998年・2008年・2015年の中学校歴史科学習指導要領がコンピテンシー重視の方向に動いていることをすでに明らかにしている[16]。学習指導要領はそうであるが、学習指導要領をもとに作られる教科書や前期中等教育終了試験（DNB）の問題などを見ると、歴史、地理に関してはコンテンツ（スコープ）を軸に作られているなど、さほど大きな変容はない[17]。ただし、教科書が「共通の基礎」に言及し、習得すべきコンピテンシーを課ごとに示すようになったなど、コンピテンシーがより意識されていることは確かである。なお、DNBとは「共通の基礎」の習得度を評価する試験である。不合格でも

高校への進学は可能である。

2　フランスの歴史教育と「歴史を書くコンピテンシー」

　フランスにおいて、教科書使用の法的義務や教科書検定制度は存在しない。しかし、自由発行される大手出版社による教科書は、学習指導要領（programmes）に合致することや、DNB、バカロレア試験に合格することを念頭においていることは明白であり、さほど大手教科書出版社によって大きな違いは存在しない。以後、教科書を含めてみていくこととする。

▶（1）小学校における「歴史を書くコンピテンシー」
　フランスの小学校学習指導要領（小学校 4・5 年用、および中学 1 年用が一括りとなる）[18]では、歴史・地理学習に関するコンピテンシーとして概ね以下のとおりとなる。

　　・時間軸に位置づける。歴史的な指標を作る。
　　・空間軸に位置づける。地理的な指標を作る。
　　・思考の過程や選択を論理づけて、裏付ける（問題をたてる、仮説をたてる、確認する、裏付ける）。
　　・デジタルの世界から情報を得る（様々な情報のシステムを知って利用する、インターネットからの情報の選択、情報源を確認する）。
　　・資料を理解する（資料を理解する、資料の性質を見分ける、なぜ資料の性質を見分けなければならないかを知る、質問に答えるために適切な情報を取り出す、文書の暗黙の意味を見分ける）。
　　・歴史・地理において様々な言語体系を実践する（自分の思考や知識を組み立てるために書く、歴史的な語りについて知る、意見交換するために論拠づけて書く。考え、意見交換するために口頭で表現する。年表を使う）。
　　・協力し、助け合う（グループで作業する、議論する、説明する）。

　「自分の思考や知識を組み立てるために書く」とあるが、小学校ではさほど高度な組み立ては要求されない。しかし、教科書をみると例えば、フランス大革命史のところで「テニスコートの誓い」の絵を示したうえで、「状況を説明しなさい」「これはルイ14世の時代とはいかなる断絶を示していますか？」[19]と

の問いが出される。「1行程度」からとはいえ、自分の文章を書いて知識を構築することが要求されている。

　教科書に「問い」は多く掲載されており、短文ではあるものの自分の文章を書いて、自分の考えを明確化することは求められる。正誤や選択肢から答える問題は「知識の確認」として問われるくらいである。

　小学4年生用教科書の例をあげると、ナポレオン民法典に関しては、「1804年の国民議会での民法典に関する演説に基づく」[20]文章を提示して、読み取りを求めている。[21]

ナポレオンはフランス人の個人生活に適用され、さらに今後万人に適用される法律を編纂するために、委員に編纂を命じた。法律が知られていないとすれば義務づけることができず、それゆえ我々は法律の編纂に没頭してきたのである。法律は許し、禁止し、命じ、抑制し、罰し、補償する。法律は我々の国で生きるものにとって義務的である。それは外国人も同様で、あらゆるときに国内においては法律に従わなければならない。

（国民議会の民法典に関する演説に基づく）

　問1　民法典とはどのような内容を含みますか？
　問2　なぜナポレオンはそれを書かなければならなかったのですか？
　問3　民法典はこれまでの法律と比べてどのような進歩を示しますか？
　問4　だれが法律を尊重しなければならないですか？
　問5　ナポレオンの以下の言葉を説明してください。「私の栄光のうち、永遠にのこるもの。それはわが民法典である」

　1行程度で答えられるものとしても、歴史的な資料から読み取ったことについて、文章を書かせるトレーニングを積み始めていることがいえる。問4のように、市民教育とかかわる問いもある。問5は、ナポレオンの時代背景（ナポレオンは貧乏な一貴族の出であるが皇帝にまでなった。皇帝として周辺諸国との戦争を指揮し広範囲を一時期統治したが、失脚してセントヘレナに流された。しかし、法典はその後にも残りフランス以外にも影響を与えた）も前提にして、自分の文章を書いて説明できるようになることを求めている。

▶ **（2）中学校における「歴史を書くコンピテンシー」**
　現行学習指導要領が定める、中学校（2〜4年生、第4学習期（cycle 4））の歴史・[22]

地理で習得すべきコンピテンシーは、既にふれた小学校のものと基本的に同じである。しかし、その内容は高度化されている。「思考の過程や選択を論理づけて、根拠づける」では「歴史的状況から自分で問題をたてる」「歴史的現象の解釈の仮説をたてる」「データ、情報源を確認する」「思考の過程、解釈を裏付ける」ことも含むようになる。「資料を理解する」は「資料を分析し理解する」と変わる。資料を理解するだけではなく、「資料と資料がもつ視点をはっきりさせる」「複数の文書からの問いに答えるために適切な情報を抜き出し、それらを分類し、序列をつける」といったことも含む。

　複数の資料を使うこと、視点を考えること、資料の特殊性についても考えること、「歴史的な物語（récit historique）の特性を知る」ことまで要求されるようになる。具体的にどのような学習が行われているのであろうか。中学校になると、資料の読み方はより複雑なことが要求される。中学校においても学年があがると要求は複雑になる。学年進行とともに徐々に「自分の歴史を書く」ことも要求されるようになっていく。

　中学校 1 年生の教科書は古代史の学習となる。教科書からなげかけられる問いには「知識に関する単純な問い」（例えば、一神教とは何か？）、「理解を求める問い」（例えば、なぜヨシュア王はヘブライ人にとって重要なのか？）だけでなく、「分析的な問い」（例えば、聖書はヘブライについてどのように語っているのか？　ユダヤ教の根底とは何であるか？）も含まれる[23]。

　中学校 4 年生になると、近現代史の学習となる。例えば、以下のように「資料の分析と理解」が求められている[24]。教科書に "Brevet" の文字がみられ、前期中等教育終了試験を意識していることもみられる。

1968年5月　首相からみた学生の抗議	問い
皆様 　パリは深刻な日となっています。……学生たちによって提起されるのは、まさに若者の問題、社会における若者の地位、若者の権利と義務、道徳的安定の問題です。 　伝統的には、いずれにせよ若者は理想と道徳の名のもとに規律と努力に専心していました。規律の大部分はなくなりました。ラジオやテレ	1．この文書の性質はどのようなものですか。演説者はどのような役割をもっていましたか。だれにむけての演説ですか。 2．この文書の日付にフランスではなにがおきていますか？ 3．演説者によると、若者はどのような行動をとりますか？ 4．演説者は新しい若者の行動をどのよ

98

ビの普及によって、若者は子どものときから外部の世界と触れることになりました。道徳の進化は親子の関係を変えました。教師と生徒の関係のように。技術と生活水準の向上によって、多くの人は努力する必要はなくなりました。

ジョルジュ・ポンビドゥの国会での演説
1968年5月14日

うに説明していますか？　それを裏付ける文を文書から選び出してください。
5．あなたの知識を借りて、演説者は下線のところで何を言おうとしていたかを説明してください。

　学習指導要領では、「データ、情報源の確認」「資料と資料がもつ視点をはっきりさせる」などがいわれているが、文書の性質、背景、書かれた時代などを理解したうえでの読み取り、分析が求められている。

　中学校4年生が受ける前期中等教育終了試験の出題形式は、「資料を分析し、理解すること」「論理的に思考する（raisonner）ために、異なった言語体系（langages）を習得し、指標（repères）を使うこと」の2方式である。前者は資料（新聞記事、図表、写真、絵など）が提示される。後者は短文による出題である。

　資料による出題としては、例えば、「フランスは敗北し、占領された。ヴィシー体制となり、政府協力とレジスタンスがあった」という題で、「マン近くに1931年7月9日に生まれたジャン＝ジャックオドックの証言」という、新聞ルモンド2017年に掲載された30行ほどの文章をもとにこたえる問題がある。[25]

　短文による出題は、例えば「冷戦が世界を対抗し敵対し合う2つのブロックに分けていたことについて、正確な知識に基づきながら、20行ほどの文章を書きなさい」という出題である。[26]

　中学校終了時に「20行」という長文の論述が課せられる。歴史的事実の基本的知識（例えば、「ベルリンの壁崩壊は1989年」）があることは前提であるが、それを使って文章化することにより、意味づけを構築できなければならない。「冷戦」という語句については、断片的な知識としてではなく、時間軸に位置づけてその意味内容を自分で文章化して構築できる力までが求められている。

▶（3）高校における「歴史を書くコンピテンシー」

　高校の歴史・地理学習指導要領の前文は、「歴史・地理は理解し、行動するための教科である」[27]から始まる。時間的空間的指標を学ぶことにより、社会や

文化、政治の進化を知る。歴史上の人物がいかに選択をしたかを学び、自己の
自由と責任について学ぶ教育でもあると述べる。さらに、歴史と地理は「相補
的な教科」であり、歴史と地理が互いに相補することによって、生徒の知的、
市民的、共通教養の発展につながると示されている。歴史・地理ともに「知る、
自分を位置づける、文脈化する」ことを求めているという共通性がある。

　歴史教育の目標としては、以下のようなことが挙げられている。

　　・時間についてよく考え、構築する。
　　・資料についてよく考え、発展させる。
　　・歴史的理由づけの初歩。
　　・ある文脈・時代における人間の活動や事実を書きなおすことができる能
　　　力の発展。
　　・自分の属する国、ヨーロッパ、世界の歴史への所属意識。責任の観念を
　　　強め、市民の育成へとつながる価値、知識、指標となる点。
　　・一般的な教養の発展。

　内容に関しては、高校になると学年ごとに 4 つのテーマをあげられるように
なる。第 3 学年では「① 民主主義の脆弱性、全体主義と第二次世界大戦 (1929
～1945)」「② 二極化した世界における国際社会のアクターの多様化 (1945年から
1970年代はじめまで)」「③ 1970年から1991年にかけての経済、政治、社会的な停
滞」「④ 1990年以降の世界、ヨーロッパ、フランス。協力と紛争」とある。②
のなかでは、フランスと旧植民地のアルジェリアの関係も扱われ、「歴史」と「記
憶」の関係もテーマとなる。なにが歴史的な事実であるかが論争的になる場合
も扱われる。

　高校では授業において扱った内容にかかわる課題を出し、生徒に論文を書か
せて教師が添削、採点を行い返却される。それはバカロレア試験と同じ形式で
出題され、同試験を受験するときまでに合格答案が書けることを目指して行わ
れる。

　高校 2 年生用教科書に掲載されている練習問題例を見てみよう。下記の資料[28]
(演説) を前提として、「ウィルソン大統領が第一次世界大戦後の問題解決にど
のような影響を与えたかを示しなさい」という問いが出されている。

【1918年1月8日アメリカ合衆国トーマス・W・ウィルソンのパリ講和会議での演説】
第3条　あらゆる経済的障壁の可能なかぎりの除去……。
第4条　各国の軍備を国内の安全性と整合性がとれるまで最低限に削減すること。
第5条　公平な……調整による、植民地のあらゆる要求に関する、自由に議論された調整……。
第8条　フランスのすべての領土は解放され、侵略された地域は返還されるべきである。……
第10条　オーストリア＝ハンガリーの人民は、……自律的発展の可能性ができるだけはやく与えられなければならない。
第12条　……トルコの支配下にある他の諸民族は、確実な生命の安全と、あらゆる自律的発展のための十分な可能性が保障されなければならない……。
第13条　独立したポーランド国家が樹立されるべきである……。
第14条　国の大小を問わずに互いの政治的独立と領土保全の相互保障を目的とする……諸国の包括提携的な組織が形成されなければならない。

教科書が示す解答例は以下のとおり（段落番号および下線は筆者による）。

① 1918年1月、アメリカの大統領トーマス・W・ウィルソンは第一次世界大戦後の大きな方針をたてる会議において演説を行った。それは、「ウィルソンの14箇条」として知られ、この方針は1919〜1923年の和平交渉において大きな影響力を持った。いかにして、ウィルソンの計画は、1920年代のヨーロッパにおける国際間の均衡を再構築するのに影響を持ったのであろうか？　第一に、政治における自由主義を強調していることである。第二には、アメリカの大統領はヨーロッパを再編しようとしていたことである。それは新たな多国間外交がもたらされることを意味する。
② トーマス・W・ウィルソンは自由主義的な見方による計画を発表する。それゆえ関税障壁の撤廃を主張する（第3条）。この計画は古典的な経済の見方すなわち、国際間の貿易は世界の平和を促進するという前提にたって書かれている。
③ この見方は、大きく見るとアメリカを利するものであることを思い起こすことが重要である。戦争のおかげでアメリカはヨーロッパ諸国の主要な商業家、銀行家となっていた。大統領はそれゆえ会議において、もう一度平和をとりもどしたあとに、アメリカが早く豊かになるための見方を示したといえる。
④ トーマス・W・ウィルソンの擁護する自由主義的な見方は、地政学における強い干渉主義を伴った。
⑤ ウィルソンは西ヨーロッパの領土的再編が必要なことを実際に説明している。交戦状

態にある大国にまず着目する。例えば、かつて侵略された地域は解放されなければならない（第 8 条）ことを明確にしている。この目的は、1919年ヴェルサイユ条約の主要なところである。

⑥ ウィルソンは次いで、民族自決を主張する。「人民の権利は自分たちのものである」という理想から、オーストリア帝国、オスマン帝国の領土内の人民は「自律的発展」によって恩恵を受けなければならない（第10、12条）。この見方から、新たなポーランドのような新たな国家が必要となることもある（第13条）。この点からして、影響は限定的なものとならざるを得なかった。トルコもオーストリア＝ハンガリーも少数派への自治権を認めなかった。

⑦ ヨーロッパの地図の再編成は新たな外交関係をもたらした。

⑧ この外交は平和に関する理想主義に基づく。アメリカ大統領はとりわけ、国際的な軍縮を提言する（第 4 条）。この時代の平和主義者の影響をうけたが、この目的はわずかしか実行されず、ましてヨーロッパの戦後において見ることはできなかった。1932年にはドイツは再軍備を始める。

⑨ 平和の理想はウィルソンの思想において、多数の国が参加する外交はあらゆる国に開かれることによって、認められなければならない。第 5 条は植民地の人に声をあげる意思を強調している。ウィルソンの演説は反植民地運動の誕生に大きな影響を与える。

⑩ 新たな国際協調は「諸国の包括提携的な組織（第14条）」によって行わなければならない。この点はウィルソンが最も影響力を持った点であり、国際連盟は1919年に設立される。その目的は平和を維持し、世界の諸国間の対話を促進させることにある。

⑪ ウィルソンの14箇条は、このようにして決定的に平和条約に影響を与えた。それは地球全体に対してであり、政治的アクターが戦後の国際均衡を作り出す過程においてである。ウィルソンの目的は条約に具体化された。一方で、演説の実際への影響は限定されたものであった。トーマス・W・ウィルソンはこの目的を強いることに達することはなく、ヨーロッパの平和を害する緊張は様々な形で残った。

　①は序論であり、下線部が「問題提起」にあたり、それは②③で示される「計画」により具体化される。高校になると、歴史教育で「問題提起」を行い、さらに「計画」をたてることによって回答することまで要求される。

　②③で示された 2 つの計画を、④ではじまる、および⑦ではじまる段落群で扱うこととなる。④⑦は段落群の冒頭を示す役割である。④から計画にある「自由主義」にかかわることが、⑤⑥とともに、ウィルソンの自由主義とその限界が述べられる。⑦から計画にある「新たな外交関係」にあたることが、⑧⑨⑩とともに14条箇条とヨーロッパの再編と新たな外交関係に関してより具体的に

（植民地や国際連合とともに）述べられている。

　⑪は結論部であり、下線部は「問題提起」に対する結論を述べているところである。問題提起に対する結論が応答関係になっていることは必ず求められる。序論で設定した問題を、2か3のブロックを作成して展開し、結論で答えるという形式を守らなければならない。点線部はさらなる展開を述べている。

　歴史の学習を通して、最も重要視されることは、資料を読んで書くべきことが構成できることである。それには前提となる知識（この問題でいえば、第一次世界大戦後の世界の状況など）も必要である。歴史の文脈に資料を位置づけて適切に引用することが必要となる。問題提起および計画を自分でたてて文章を組み立てて論述する力が求められる。

　解答は、序論・本論・結論の構成で書くことが求められる。序論で問題を設定し、本論で展開し、結論において自分でたてた問題に解答する、という大学で論文を書くときと同様のコンピテンシーが必要となる。高校生には論文を書くときの「型」を事前に習得しておくことが求められている。資料を適切に使用して引用する力も求められる。

　フランスの高校生活は「読んで書く」ことに終始するとまでいわれることがある。これまでに述べてきたように、文章を書く能力が必要となるが、その前提として資料を読む能力も求められる。それでは、高校歴史教科書は資料の読み方として、どのような点を挙げているのだろうか。

　とりわけ、資料の著者、対象、書かれている目的を考慮することが求められている。例えば、演説の分析であれば、「アレクシス・ド・トクヴィルの1848年1月27日演説」を取り上げる際は、「著者はだれで、どのような文脈で、どのような目的か」「いつの演説か」「だれを対象とするか」「目的を理解する」「批判的にみる」ことが前提となる。ナポレオン3世に関するデュルイ（当時の文部大臣）とユーゴー（作家）の文章を比較する際は、「著者のテキスト外の情報を考慮する」ことがいわれる。ゾラの『私は弾劾する！』であれば、やはり「著者を確認する」のほか「情報源を確認し、どのように拡散されたものか。どういう文脈で発売されたか、どのように公衆に伝えられたか」「どのように意見を述べているか」「どのような目的があったか」に注意することが必要である。有名な人によるものでない資料も、「新聞記事を分析する」場合もどのような新聞であり、どのような文脈で書かれているかを注目しなければならない。例えば、1975年のタイム誌であれば「タイムはアメリカの主に高度な教育をうけ

た層にむけての週刊誌、他の英米語圏でも読まれている。1975年にはベトナム戦争はホーチミンらの勝利に終わった」ことを念頭において読むことを求める。「戯画（カリカチュア）」「広告」「写真」「プロパガンダ」「証言」など、それぞれが作成された時期、意図、掲載されている場所、書かれている目的などを考慮して分析することがいわれる。例えば戦地で書かれた兵士の証言であれば、「著者、その性格、日付を見る。だれにむけて書かれたものか」「書簡の場合、宛名はだれか？　内輪の新聞雑誌に書かれている覚え書きの場合、それは自分のためにミスや誇張なく書いていることがある」「資料を文脈にのせる。資料はどういった文脈で書かれているのか。あるいはどういう位置（前線、後衛、占領地）で書かれているのか」「証言は何をテーマとしているのか。前線、後衛、占領地？」「著者はなにをテーマにしているのか」「手紙は郵便によって検閲されていないかを考える。その目的、資料の限界を考える」など資料を批判的に見ることが強調される。[30]

　高校修了時のバカロレア試験になると、歴史の出題形式は、短文を提示したうえでの作文（composition）と、複数の資料（新聞記事、写真、文章、絵、日記など）を提示したうえでの資料分析（Analyse d'un document）の２種類である。

　前者の例をあげると「ドレフュス事件以降におけるフランスの政治的危機におけるメディアと公論の役割」という出題がある。[31]　後者の例を挙げると「オバマ大統領の2019年６月４日のカイロでの演説」の文章を提示したうえで、分析を求めるものがある。[32]

おわりに

　見てきたように、フランスの歴史教育は小学校、中学校、高校といずれも資料を読み取り「歴史を自分で構成して書く」コンピテンシーを育成していることがいえる。学校段階、学年が上がるについてより高いレベルが要求されるが、およそ求められる能力は一貫している。小学校では１行程度であったのが、中学校４年生では20行程度となり、高校卒業時では「問題提起」「計画」を立てたうえで３時間かけて論述試験がかけるだけの力が求められる。中学校のDNBと高校のバカロレア試験の出題形式は同じであり、それはさらに修士課程で受験する教員採用試験の出題形式とも一致している。[33]　もっとも、論述を書くために正確な知識・理解が前提となるのは当然であり、フランスにおいても

「要点暗記集」のような参考書も発売されている[34]。フランスにおいては思考力や表現力のみが求められているということではない。フランスの初等中等教育の学習方法が、将来大学で歴史学や歴史的な研究を専攻したとしても、つながる内容であることを見ることができたと考える。

成田龍一は日本の歴史教育において、「教科書は演劇における戯曲に位置し、教員がその解釈を伝え、生徒はその解釈を、自らの経験から再解釈する営み」が多いことを指摘している[35]。自分で歴史を構成するだけの文章を書くことを求めるフランスとは大きく差異が存在するところと考えられる。

なお、バカロレア改革が行われ2021年度修了者より、「歴史・地理」に関しては、平常点評価で行われることになった[36]。それは、フランスの高校でバカロレアと同一の形式の試験が行われていることによるのであって、歴史教育や評価方法を大きく変えるものではない。高校生用の参考書をみても、書きぶりはかわっていない[37]。

資料から出発して論理だてた長文を書くことが要求されている。情報をうのみにすることなく自分の考えをもつことが要求される。それは高校卒業、18歳という選挙権を得る年齢までにそれなりの市民としての能力をつけることが目指されているといえる[38]。

注

1）De Cock, L., « L'histoire scolaire, un matière indisciplinée », *Annales, Histoire, Sciences Sociales*, no.70, 2015, pp.179-189.

2）*Histoire Terminalle*, Hachette, 2020, p.198

3）参照、大津尚志「フランスにおける中等教員養成と思考力・表現力」『日仏教育学会年報』第27号、2020年、43-53頁、大津尚志「論理的に考えて表現する力を育める教育の養成」細尾萌子ほか編『フランスのバカロレアにみる論述型大学入試に向けた思考力・表現力の育成』ミネルヴァ書房、2020年、159-173頁、大津尚志「フランスにおける社会科系教科の教員養成と研究動向」『社会科教育研究』第141号、2020年、96-103頁。

4）Sarremejane, P., *Histoire des didactiques disciplinaires 1960-1995*, 2001, L'Harmattan.

5）Legris, P., « Où sont les didacticiens? La (non) prise en compte des travaux de didactique dans l'élaboration des programmes d'histoire », in Lalagüe-Dulac, S. et al. (dir.), *Didactique et histoire*, PUR, 2016, pp. 21-30.

6）*B.O.*, no.33, 7-10-1993, pp. 3008-3015.

7）Ministère de l'Éducation nationale, *Collèges Programmes et instructions 1985*, CNDP.

8）Ministère de l'Éducation nationale, *Histoire Géographie Écucation civique*

Programme et Accompagnement, CNDP, 2001, p. 17.

9）Vézier, A., « Épistémologie et didactique du récit en histoire: la question du contrôle du récit comme problème didactique pour le professeur », in Lalagüe-Dulac, S. et al.（dir.）, *Didactique et histoire*, PUR, 2016, pp. 83-92.

10）渡邉雅子『「論理的思考」の社会的構築』岩波書店、2021年、176頁。

11）例えば、1982年学習指導要領に基づく教科書、*Histoire terminals*, 1983, Delagraveの内容は歴史的事象を説明する本文と図版（地図、写真など）だけがほとんどを占めている

12）Legris, P., *Qui écrit les programmes d'histoire ?*, PUG, 2014, pp. 125-157.

13）*B.O.*, no.12, 29-6-1995, pp. 26-30.

14）*Histoire, Terminale*, Nathan, 1993, p. 6.

15）*B.O.*, no.17, 23-4-2015

16）細尾萌子「フランスの中学校における学習指導要領の変容（1998年・2008年・2015年）」『フランス教育学会紀要』第30号、2018年、7-16頁。

17）なお、中学校「歴史、地理、道徳・市民」のうち、道徳・市民に関してはコンピテンシー重視への変容がある。教科書については、京免哲雄「フランスにおける市民性教育としてのキャリア教育の特徴」『フランス教育学会紀要』第32号、2020年、41-54頁、DNBについては、大津尚志『校則を考える』晃洋書房、2021年、98-100頁、を参照。

18）*B.O.*, spécial no.11, 26-11-2015, *B.O.*, no.31, 30-7-2020.

19）*Histoire Géographie EMC, CM 1*, Hatier., 2018, p. 71.

20）教科書原文にAssemblée nationaleと書かれているので「国民議会」と表記したが、護民院（Tribunat）か立法院（Corps législatif）のことかと思われる。なお、フランスには教科書検定は存在しないゆえに誤記や誤植がチェックされないことはありうる。

21）*Histoire Géographie EMC, CM 1*, Hatier., 2018, p. 85. なお、便宜上問いの番号は変えている（問1〜問5は原文では問5〜問9）。

22）*B.O.*, spécial no.11, 26-11-2015, *B.O.*, no.31, 30-7-2020.

23）*Histoire Géographie Enseignement Moral et Civique, 6 e*, Nathan, 2016, p. 114.

24）*Histoire Géographie Enseignement Moral et Civique, 3 e*, Nathan, 2016, p. 205.

25）Saïsse, C., *Annales Brevet 2021 Histoire-Géographie Enseignement moral et civique*, Hachette, 2020, pp. 159-160, 165-166.

26）Ibid., p.173, 177-178.

27）*B.O.*, spécial no. 1 du 22 janvier 2019.

28）*Histoire + Enseignement moral et civique, 1 er*, Lelivrescolaire, 2019, pp. 330-331.

29）渡邉雅子「フランスの思考表現スタイルと言葉の教育」『フランス教育学会紀要』第30号、2018年、27-36、32頁、Cariou, D., *Écrire l'histoire scolaire*, PUR, 2012.

30）*Histoire + Enseignement moral et civique, 1 er*, Lelivrescolaire, 2019., pp. 78-79, 110-111, 192-193, 278-279. *Histoire + Enseignement moral et civique, Tle*, Lelivrescolaire,

2020, pp. 198-199.

31）Vidil, C. et al., *Annales Bac 2020, Hsitoire-Géo Term ES/L*, Nathan, 2019, pp. 36-41.

32）Renaud, J.-P., *Annabac 2019, Histoire-Géographie Tle S*, Hatier, 2018, pp. 30-34.

33）大津尚志「フランスにおける中等教員養成と思考力・表現力」『日仏教育学会年報』第27号、2020年、43-53頁。

34）例えば、Bénard, C., *L'histoire dans votre poche*, Larousse, 2013.を参照。

35）成田龍一『歴史像を伝える』岩波書店、2022年、14頁。

36）邦語文献として、阿部弘「バカロレア改革への対応と課題」『フランス教育学会紀要』第34号、2022年、129-136頁。

37）*Annales Histoire-Géographie Term*, Nathan, 2020.

38）18歳までの一貫した市民教育について、大津尚志「フランス」『18歳市民力を育成する社会科・公民科の系統的・総合的教育課程編成に関する研究』科研費報告書、研究代表者　唐木清志、2023年、web公開。http://www.komingakkai.jp/researchproject.html#researchproject2020-2022_report（2022年6月25日最終確認）。

Column 03　フランスにおける哲学教育

　フランスにおける哲学教育について、小学校の「道徳・市民」科のなかで必修ではないが、「哲学的討論」が行われることがある。高校において哲学はすべての普通・技術高校の生徒にとって最終学年で必修である。

（1）小学校における哲学教育

　2015年1月にヴァロー＝ベルカセム国民教育大臣が出した提言「共和国の価値のための学校改革のための11の方策」において、道徳・市民教育に「哲学討論のアトリエ」の必要性が言及されている。2015年6月告示の学習指導要領においても「哲学的なねらいをもったディスカッション」の語句が登場している。小学生の年齢において「子ども哲学」という教育実践は、世界の多くの国で行われており、フランスもその例外ではない[1]。

　A小学校はかつて師範学校の附属小学校であった時期もある。師範学校は、現在では国立教師教育学院（INSPE）と名を変えており、修士課程の教育を行う機関となっている。2010年以降フランスでは初等・中等教員となるには学士課程における学修を終えたのちに修士号を取得することが要求されるようになっている。A小学校は、現在も国立教師教育学院との交流がある小学校である。筆者自身が2016年に訪問することができたので、その時に入手できたデータをもとに以下に記述する。

　A小学校では、哲学的討論（débat philosophique）はB校長のリーダーシップのもとで、またB校長が自ら授業をすることによっても行われている。B校長は自分の実践の背景となる教育理論家としては、リップマン（Lipman）、レヴィン（Lévine）、トッツィ（Tozzi）、ブルニフィエ（Brénifier）を挙げている。それぞれについてここで簡単にみていく。リップマンは「子どもの哲学」の先駆者というべき存在である[2]。「考えることを学ぶ」ことがコンピテンシーを高めると考える。それはPISAで問われるような、分析や理由づけ、考えを効果的に伝える力ともつながるといえる。

　レヴィンは哲学的討論の「型」を述べている。2分考えさせて8分意見を交換する、そのあいだに「バトン」を渡して発言しあう[3]、というやりかたはこの学校でも取り入れられている。「ともによく考える」「みんながグループ

のなかで居場所を見つける」「『共に生きる』ための力を発達させる」といったことを目標とする。

　トッツィは「概念化」「問題化」「論拠付け」を主張する[4]。「概念化」とは「再定義」にちかい意味である。例えば、「夢と現実の違いは何か」という問いから「現実とはわれわれの想像力できまらない世界である」「夢とは無意識の世界である」という「概念化」がなされる。「問題化」とは問題を議論しているなかから、さらに新たな問題を作り出すことである。「論拠付け」とは、納得できる解答を得ようとすることである。

　ブレニフィエは「議論から学ぶ」ことを主張する。議論のうえでの教師の役割（例えば、「教師は調停者である」「人の発言をさえぎらないように」など）を論じている[5]。

　その授業例を以下に紹介する。2016年1月27日の授業ではB校長は小学5年生13名（この授業はクラスを半分に分けて行われている）を車座になって座らせた。校長は子どもから少しはなれたところに机をおいて着席し、そこから「嫉妬心とはなにか」という問いを発した。2分間考えさせたあとに、子どもに挙手を求めて発言をさせた。「言葉のバトン」をまわさせて、それを受け取った人が発言した。「嫉妬心とは感情である」「嫉妬心とは妬みである」「それは悲しみの表現である」「精神的な不健康である」「もっているか、もっていないかを考えることである」「嫉妬心にはポジティブな面とネガティブな面がある」「嫉妬心をもつことは欠点である。お金があるけど友達がいない人は『友達がいない』ということを、逆の人はその逆を考えるということである」「うぬぼれが強いということである」「コントロールが効かないものである」「人がみんな同じならば嫉妬心はない。多様性のあらわれである」「男女間でおきることである（A君はBさんが好き、BさんはC君が好き。ゆえにA君はC君に嫉妬心をもつ）」「きょうだいに対してもつものである」「嫉妬とは避けて通れないものである」「嫉妬心とは現象としてあらわれることである」「議論すれば解決するはずである」など、小学生から様々な観点からの意見が出された。

　その後、B校長は「いまのテーマをどう考えますか？」という問いを出し、子どもは「大きいテーマ」「いいテーマ」「嫉妬とはみんながもつ感情だからよいテーマ」といった意見を出しあった。その後、B校長は意見を出さなかった3名に「どうして意見を出さなかったの？」ときいたが、「意見がないから」などという答えがあった。次回以降の発言をうながすものであろう。

そして、子どもの意見をもう一度まとめることによってB校長は授業を終えた。B校長は子どもの発言をメモしていた。それを、子どもの発言をくりかえす、あるいは具体的な発言を抽象的にまとめて（例えば、「嫉妬心とはみんながもっているものである」「嫉妬心の対象は物、人、男女間、きょうだいである」などというように）、約30分の授業は終了した。

この小学校では上記のように、最初に問いかけをして討論をはじめることもあれば、文章を読んだあとに、考えを話し合うという形式がとられることもある。

このクラスの子どもに「哲学的討論の時間になにを学びますか？」と筆者がたずねたところ、以下のような返答があった。「ほかの人の意見をきいて、それを共有すること」「あらたなことを学ぶこと」「グループで学ぶこと」「自分でだけでなくほかの人と一緒に学ぶこと」「哲学について考えること」「人の意見をきくこと」。

小学校の道徳・市民で強調される「共に生きる」ことの教育の一環といえよう。

（2）高校における哲学教育

フランスの高校では、普通・技術高校においては3年生で全員が哲学の授業をうける[6]。高校卒業時には「バカロレア」という試験があり、それは「宗教は共に生きるための原因にすぎないのか」という短文による出題、あるいは哲学者の著作の一部を示して「解釈せよ」という設問に4時間かけて論述を書くという形式で行われる。

現時点では2021年版の学習指導要領がある。そこでは芸術、幸福、意識、義務、国家、無意識、正義、言語、自由、自然、理性、宗教、科学、技術、時間、労働、真理という17の「観念」が挙げられている[7]。

授業はある「観念」について熟考すること、すなわち哲学者のテクストを読み解くことや、哲学者の言説を提示することによって進められていく。本コラムでは一例として、2016年1月に4回にわたって行われたC高校のD教諭の「宗教」をテーマとする授業を紹介する。なお、フランスでは、宗教教育を公教育に持ち込むことは1882年法以来認められないという伝統があるが、「ライシテ憲章」の掲示が学校に義務付けられるなど、学校内における「宗教」については「寛容」の問題などが近年強く意識されている。各人の信教の自

由に学校が介入しないのは当然であるし、フランス語や歴史や哲学の時間に「信仰」としてではなく「宗教的事実」が教えられることはある。

D教諭はまず宗教について「適切（propre）かつ高度（supérieur）な原理とともに、ある社会集団のなかで関連を伴う、信仰と実践の体系」と定義を示した。

信仰とは形而上学的なものであることや、実践とは祭式、祈り、供物などが例としてあげられることを説明した。そして、「宗教は何の役に立つのか？」という問いを生徒に答えさせた。宗教とは「人生の意味」「なんのために生まれてきたのか」といったことにかかわるもの、と説明した。

宗教の例として、聖書の「創世記」のコーランのテクストを配布して生徒に朗読させ、「３つの大きな宗教」（フランスでは、ユダヤ教、キリスト教、イスラーム教をさす）についての説明をした。いずれも旧約聖書は聖典にはいること、聖典の成立時期などである。

続いて、哲学者による「宗教」の説明にはいる。パスカルの宗教に関する説明（信仰と理性、神と知者の区別、神が実際に存在するしないにかかわらず、自分は「神を信じる」ほうに賭けるということ）、トマス・アキナスによる「神の存在証明」、ルソーの「自然宗教」（『エミール』の一節による）といった、哲学者による宗教にかかわる説明を行った。次いで、マルクスの「宗教は民衆の阿片」、ニーチェの「超人」、フロイトの「父の死が神の誕生」という、宗教を幻想とする哲学者の言説も紹介した。

生徒は授業中、時には質問をしながら授業中にいわれていることを単語ではなく、文章化してノートにしていった。

なお、D教諭は教科書を使わずに自作のプリントで授業を行っていた。教科書で「宗教」の項目をみると、本コラムですでに触れた思想家以外には、デュルケーム『宗教的生活の原初形態』、ルナン『イエスの生涯』、ヒューム『自然宗教に関する対話』、スピノザ『エティカ』などの著作の一節がアンソロジーとして収録されている[8]。教科書によって掲載されているテクストは教科書によってかなりの差異がある。

フランスでは高校生用の参考書としてバカロレアの過去の問題集が販売されている。もっとも「要点暗記集」や「知識確認のための三択問題集」「哲学者の引用語句集（テクストの有名箇所を集めたもの）」のような参考書も存在する。フランスの哲学教育が、記憶することとはまったくの無縁であるとは考えら

高校生の哲学の授業中のノート
出所）大津撮影。

れない。しかし、論文（dissertation）を書く力まで到達することを要求されるのである。

　論文の書き方としては、どのような指導が行われているのであろうか。D教諭は時には土曜日に4時間の時間をとって課題（机の上の課題（"Devoir sur Table"）と呼ばれる）を提出させ、その添削をしている。課題は「なぜ死を恐れるのか」であった。明らかにバカロレアを意識している。なお、ほかの教科においても同様の指導がC高校では行われている。

　論述をかくための参考書をみると、「宗教とは、共に生きるための作法にすぎないのか」という問題（バカロレアで実際に2012年に出題された問題）について、以下のように解き方が説明されている。なお、いかなる問題であっても「問題の解き方」の形式に関しては同じである。

　まず、テーマをよく理解すること（①「宗教」と「共に生きる」ことは違う、ただし宗教が共に生きるための一つのやり方であることはある。②どうやって宗教の一般的特質に気づくか。③「共に生きる」ことには利点しかないのか、他者の排除につながらないのか）。

　次に、知識を使うこと（デュルケームの古典的定義、宗教の世界と世俗の世界の

対立。ベルクソンの静的宗教と動的宗教の違い）。

　避けるべきこととして「宗教の有名な批判（マルクス、ニーチェ、フロイト）はこの問題とは関係がない」、一つの宗教のみ（例えばキリスト教だけ）をあげたりしないこと、宗教と道徳の関係を無視しないこと、がいわれている。

　アイディアを取り出して、書き方として以下の章をたてることがいわれている。

　　　Ⅰ　どのようにして、宗教はともに生きることを容易にしているのか。
　　　Ⅱ　共に生きることは、自分にむきあって生きることをより高めるのか。
　　　Ⅲ　共に生きることが、十分な目標となっているのか。

　そして、序論、本論（この３章ごとに）、結論というまとめ方を求めている。各章ごとに、さらに３つに区分して書くことをいっている。ここの第Ⅰ章でいうと、以下の通りである。

　　　A　語源をみると、宗教はこの側面を重大に考えている（religionはラテン語でreligereであり、「結集する」ことを意味する）。
　　　B　集合的事実として、宗教は人の統合を強調している（デュルケームは宗教を社会的現象ととらえ、信仰を共有するものとみている）。
　　　C　宗教は同一の道徳に忠実であることをみんなに求める（アニミズムや多神教や一神教にかかわらず）。

　１行の問題文から出発して、序論、本論（３章ごとに３つの段落）、結論でまとめるというだけの論述力が求められる。

　なお、筆者がC高校にて授業のあとに高校生（経済・社会科、ゆえに将来哲学を専攻する学生は極めて少ないと考えられる）に「哲学の授業はなんのためになるか」と尋ねたところ、「哲学は様々な分析の仕方をおしえてくれる。自分の哲学をたてることをおしえてくれる」「われわれを取り囲む世界の見方を教えてくれる」「批判的な考え方、新たな概念を教えてくれる」「哲学によってものごとを別のみかたでみることができるようになる」「哲学は思考の言葉を与えてくれる」「哲学は自分、他者、社会についてよく考えさせてくれる」などの答えがあった。このクラスの生徒の反応からしても、哲学そのものを学ぶことではなく、他の学問をするうえでも有益であると受け取られているといえよう。

おわりに

　小学校でも教員養成課程において、哲学的討論がいわれるところは他にも存在する。哲学教育が必修として行われてはいないが、「市民・道徳教育」は必修であり、「共に生きる」ための様々な技法を身につけることが求められている。「他者の意見をきく」などの技法を学ぶ時間となっている。

　フランスの高校の哲学の授業が「よく考える」ことのできる市民を育成すること、また高等教育機関に進学後に哲学専攻以外の学生にとっても思考のトレーニングをしたことが有益となるような学びが行われているといえる。

　フランスの高校生がなぜ、バカロレアにおいてこのような哲学の論述試験に対応できる力を有しているか。第一の理由はやはり高校3年生で必修教科として文章を書くトレーニングを含んだ哲学の授業が行われていること、論述試験のトレーニングができる教員が採用されていることであろう。なお、フランスではバカロレア自体も高校教員によって採点が行われる。フランスの哲学教員も学部で哲学を専攻し、国立教師教育学院で2年学び修士号を授与されて（哲学に関する修士論文の執筆が求められる）、採用試験（当然のことながら、バカロレア試験より数段高度な論述試験および口述試験が課せられる）に合格して中等教員適性証（CAPES）を取得する能力が要求される。また、アグレガシオン（上級教員試験）と呼ばれるさらに難易度が高い試験に合格した教員も採用されている。

　他に、高校3年生に達するまでにも、例えば、小学校、中学校でも作文を書く訓練をうけていること、前期中等教育終了試験においてもすでに10行程度の論述がもとめられること、他教科においても授業中で「文書をもとにして書く」トレーニングをうけていること（フランスの中学校、高校では生徒は先生の話を文章化したうえでノートをとる）、また、フランスは「習得主義」で、進級の判定が厳格に行われており普通・技術高校3年生の4分の1が一度は落第を経験しているほどであること、などが挙げられよう。

　哲学教育も「市民教育」の一環として行われているといえる。

注
　1）「子ども哲学」について邦語文献では、河野哲也『道徳を問い直す』筑摩書房、2011年、同『「こども哲学」で対話力と思考力を育てる』河出書房新社、2014年、河野哲也『子どもの哲学』毎日新聞出版社、2015年、鷲田清一監修、高橋綾・

本間直樹『こどものてつがく』大阪大学出版会、2018年、吉野敦・杉山大幹「フランスにおける『子ども哲学』と哲学教育論争」『フランス教育学会紀要』第31号、2019年、37-50頁など参照。

2）マシュー・リップマンほか（河野哲也・清水将吾監訳）『子どものための哲学授業』河出書房新社、2015年、参照。

3）Jacques Lévine et al., *L'enfant philosophe, avenir de l'humanité ?*, ESF, 2014, p. 53.

4）Vo., Tozzi, M., et al., *Apprendre à philosopher dans les lycées d'aujourd'hui*, Hachette, 1992, pp. 37-59.

5）Brenifier, O., *Enseigner par le débat*, CRDP de Bretagne, 2002. なお、ブルニフィエに関して邦語文献としては、オスカー・ブルニフィエ（西宮かおり訳）『こども哲学　知るって、なに？』朝日出版社、2007年などがある。

6）フランスの哲学教育およびバカロレアに関する邦語文献としては、坂本尚志『バカロレア幸福論』星海社、2018年、同「論理的に考えて表現する力を育む高校教育」細尾萌子ほか編『フランスのバカロレアにみる論述型大学入試に向けた思考力・表現力の育成』ミネルヴァ書房、2020年、111-133頁、同『バカロレアの哲学』日本実業出版社、2022年、中田浩司「人間教育としての哲学教育」『人間教育学研究』第2号、2014年、139-150頁など。

7）*B.O.*, spécial no. 8 du 25 juillet 2019.

8）2016年時点で使用されていた、ナタン, アティエ, マニャール, 各社の教科書を参照した。

9）*Annales 2016 Philosophie Term L·ES·S*, Nathan, 2015, pp. 148-152. 他に「参考書」に注目した研究として、坂本尚志「バカロレア哲学試験は何を評価しているか？」『京都大学高等教育研究』第18号、53-63頁、藤谷亮太「文化的再生産と『哲学』のディセルタシオン」『フランス教育学会紀要』第28号、2016年、81-94頁がある。

あ と が き

　本書では、フランスの道徳・市民教育の動向を扱ってきたつもりである。「共和国の価値の共有」を目的とするフランスを描くことによって、「人格の完成をめざす（教育基本法）」日本との違いをみることはできたであろうか。市民性の育成は、現在では「道徳・市民」科が中心になって行われているが、他の教科・領域などをも含めて実践されてきているところである。その点をすこしでも明らかにしたいと考え、これまで研究を行ってきた。日本においても道徳教育を市民教育ととらえなおすべき、という論者がいる。「価値観の多様性」の保障と道徳教育の両立をどう考えるか、という問題がある。

　これまで、フランスの道徳・市民教育に関して原稿を執筆してきたが、本書は主に以下の既発表の原稿を基にしている。書き下ろしをしたところ、大幅な加筆や再構成をしたところもある。

　　大津尚志「フランスの私立学校に関する資料と研究動向」『教育学研究論集』
　　　　（武庫川女子大学）第17号、2022年、75-82頁。
　　大津尚志「道徳・公民教育」フランス教育学会編『フランス教育の伝統と
　　　　革新』大学教育出版、2009年、140-148頁。
　　大津尚志「ペイヨン法下2015年版学習指導要領に基づく小学校道徳教育の
　　　　理論と方法」『日仏教育学会年報』第29号、2022年、77-87頁。
　　大津尚志「コレージュにおける道徳・市民科（EMC）の内容」『フランス
　　　　教育学会紀要』第34号、2022年、9-18頁。
　　大津尚志「フランスの高校における『道徳・市民』科カリキュラム」『教
　　　　育学研究論集』第18号、2023年、40-47頁。
　　大津尚志「フランスの高校におけるホームルーム（学級生活）の時間」『高
　　　　校生活指導』第163号、2004年、114-120頁。
　　大津尚志「フランス　市民の育成をめざす共和国の学校、法令による生徒
　　　　参加制度」荒井文昭ほか編『世界に学ぶ主権者教育の最前線』2023年、
　　　　学事出版、75-102頁。
　　大津尚志「フランスの学校歴史において育成されるコンピテンシー」細尾
　　　　萌子編『大衆教育社会におけるフランスの高大接続』広島大学高等教

　　育開発センター、高等教育研究叢書164、2022年、39-52頁。

　　大津尚志「フランスにおける哲学教育」『人間と教育』第92号、2016年、
　　106-113頁。

　フランスの教育を研究するにあたって、フランス教育学会の先生方に多大に
お世話になったことを記させていただきたい。故・桑原敏明筑波大学名誉教授
には、まだ大学院に入学したばかりの学生だったときに非常勤講師として出講
いただいていた授業でフランス研究のイロハのイのようなことから教えていた
だいた。かつてフランスの生徒参加制度を研究されていた小野田正利大阪大学
名誉教授には長くご教示をいただきつづけた。他にも無数の先生にお世話に
なっている。特に、堀内達夫大阪市立大学名誉教授、上原秀一宇都宮大学准教
授、細尾萌子立命館大学准教授には科研の代表者として共同研究のメンバーに
加えていただいた。他にも、本書の関連では日仏教育学会、日本社会科教育学
会、日本公民教育学会、日本道徳教育学会、日本シティズンシップ教育学会の
先生方にはお世話になった。生徒参加研究では荒井文昭東京都立大学教授、古
田雄一筑波大学助教、宮下与兵衛東京都立大学特任教授、柳澤良明香川大学教
授とは科研をとって国際比較の共同研究を現在も続けている。また、本研究は
2020〜2024年度の科研費研究20K02808の成果の一部である。そちらでは、橋
本一雄中村学園大学准教授、松井真之介宮崎大学准教授、降旗直子日本学術振
興会特別研究員に共同研究者としてお世話になっている。

　勤務先の武庫川女子大学ではかつて教育学科に所属していたときに学生委員
を務めさせていただいた。勤務先には各クラスから幹事を選出する「クラス幹
事」という制度があり、学校を民主的に運営することについて学ばせていただ
いた。2015年には在外研修の機会をいただきフランスに１年間滞在したことは、
有難かったことこのうえない。その時の調査結果は本書にも随所に反映できて
いる。学校教育センター所属に変わってからは、中学校教職課程の「道徳教育
指導論」の担当を拝命し、本書の執筆にかかわることも学生とともに学ばせて
いただいている。

　在外研究の際は特にフランスの教師教育高等大学院（ESPE、現INSPE）にお
いて受け入れてくださった、Emannuel Lefèvre氏、図書館司書で親切にして
くださった、Marie-Evelyne Mouret氏、授業見学をさせてくださったTurgot
高校のSandra Beltram教諭には特に感謝しきれない。道徳・市民教育を研究

のメインテーマにしていたが、歴史研究についてはいまだに一書にまとめることはできていない。校則研究などの他の研究を優先したという事情があるものの、今後の機会としたい。

　出版にあたっては、これまで多くの本でお世話になっている晃洋書房、特に丸井清泰氏と坂野美鈴氏に御礼申し上げたい。原稿を丁寧に点検していただけたことは有難い限りである。

　最後に私事になるが、研究の道に進ませてくれた父・故大津一郎、母・大津昭子に謝意を申し上げたい。

　2023年8月1日

　　　　　　　　　　　　　　　　　　　　　　　大 津 尚 志

索　引

《著者紹介》

大津 尚志（おおつ　たかし）

　　1999年、東京大学大学院教育学研究科博士課程単位取得退学
　　中央学院大学商学部専任講師などを経て、現在、武庫川女子大学学校教育センター准教授

主要業績

『校則を考える』晃洋書房、2021年。
『新版　教育課程論のフロンティア』（共編著）晃洋書房、2018年。
『現代フランスの教育改革』（共著）明石書店、2018年。
『世界の学校と教職員の働き方』（共著）学事出版、2018年。
『18歳を市民にする高校教育実践』（共著）大学図書出版、2019年。
『新版　教育と法のフロンティア』（共編著）晃洋書房、2020年。
『校則、授業を変える生徒たち』（共著）同時代社、2021年。
『校則改革』（共著）東洋館出版社、2021年。
『だれが校則を決めるのか』（共著）岩波書店、2022年。
『世界に学ぶ主権者教育の最前線』（共編著）学事出版、2023年。
他、多数。

　　　　　　　フランスの道徳・市民教育

2023年11月30日　初版第1刷発行　　　＊定価はカバーに
　　　　　　　　　　　　　　　　　　　　表示してあります

　　　　　　　　　著　者　　大　津　尚　志©

　　　　　　　　　発行者　　萩　原　淳　平

　　　　　　　　　印刷者　　河　野　俊一郎

　　　　　　発行所　株式会社　晃　洋　書　房

　　　　〒615-0026　京都市右京区西院北矢掛町7番地
　　　　　　　　　　電話　075(312)0788番(代)
　　　　　　　　　　振替口座　01040-6-32280

装丁　仲川里美（藤原印刷株式会社）　印刷・製本　西濃印刷㈱
　　　　　　　　ISBN 978-4-7710-3786-1

大津 尚志 著
校 則 を 考 え る
――歴史・現状・国際比較――

A 5 判 142頁
定価1,760円（税込）

伊藤良高・冨江英俊・大津尚志・永野典詞・冨田晴生　編
改訂版 道徳教育のフロンティア

A 5 判 154頁
定価1,870円（税込）

中谷 彪 著
学 ぶ 権 利 と 学 習 す る 権 利
――人格主義の国民教育権論――

四六判 186頁
定価2,640円（税込）

鑓水 浩 著
道 徳 性 と 反 道 徳 性 の 教 育 論

A 5 判 196頁
定価2,420円（税込）

柏木 智子・姫路市立豊富小中学校 編著
子どもの思考を深めるICT活用
――公立義務教育学校のネクストステージ――

B 5 判 128頁
定価2,420円（税込）

兼子 諭 著
市 民 社 会 の 文 化 社 会 学
――アレクサンダー市民圏論の検討を中心に――

A 5 判 240頁
定価4,180円（税込）

金子 邦秀 監修
多様化時代の社会科授業デザイン

A 5 判 256頁
定価3,630円（税込）

晃 洋 書 房